RELIGIÓN CATÓLICA

3º primaria

PROYECTO CAFARNAÚN

esc

El libro de *Religión Católica* para 3er curso de Primaria es una obra colectiva, concebida, diseñada y creada por el Departamento de Ediciones de ESC.

Dirección del proyecto: José Escudero Imbert

Asesoramiento: Carlos Soler Ferrán

Realización: José Amat Ruiz
Con la colaboración de Lucía Rodríguez Sierra

Dirección editorial: Ana Rueda Roncal

Producción: Juan Carlos Gómez Morán

Diseño y maquetación: ARTIMAGOS

Ilustración: María Oller Tusell
Ángeles Peinador Arbiza
Tatio Viana Trujillo

Ilustración de portada: Maribel Lechuga González

Fotografía: 123RF, Archivo fotográfico ESC, Shutterstock, Wikimedia Commons, Shutterstock/Emipress (102), Shutterstock/Christian Bertrand (71)

Impresión: Gráficas Muriel, S. A.
Investigación, 9
28906 Getafe (Madrid)

Obra aprobada por la Comisión Episcopal de Enseñanza y Catequesis de la Conferencia Episcopal Española con fecha 27 de junio de 2016.

Las reproducciones se incorporan a esta edición al amparo del artículo 32 del Real Decreto Legislativo 1/1996, de 12 de abril.

Costa Brava, 6
28034 Madrid
Tel.: 914319205 • Fax: 915769053 • Correo: SC@fomento.edu • Web: www.editora-sc.es
ISBN: 978-84-8077-486-4
Depósito Legal: M-16700-2016

¡Hola! Me llamo Lucía. Mi hermano Diego y yo somos mellizos y estamos en 3º de Primaria. A Diego le gusta mucho jugar al fútbol. A mí me encanta el patinaje sobre hielo. Siempre que podemos, Diego y yo vamos a la pista de hielo municipal. Los domingos también vamos a la catequesis de la parroquia. En este curso, os haremos compañía con nuestras historias.
¡Hola, amigos! Soy Diego. Lucía y yo os acompañaremos este curso con algunas de nuestras aventuras. También conoceréis a nuestros padres y abuelos, a nuestro hermano Quique y a algunos de nuestros amigos. Será un curso divertido, porque vamos a aprender cosas muy interesantes.

Índice

TRABAJAMOS COMPETENCIAS	SABER MÁS	¿QUÉ HE APRENDIDO?
• Cuidamos el mundo que Dios nos ha confiado • En equipo: Realizamos un mural que muestre aquello por lo que podemos dar a gracias a Dios • Amigos de Dios: San Francisco de Asís	• El diluvio universal	Repaso de los principales contenidos de la unidad: • Autoevaluación • Recuerda
• Hablamos con Dios como se habla con un amigo • En equipo: Dramatizamos el encuentro de Moisés con Dios en la zarza ardiente • Contemplamos una obra de arte: El paso del mar Rojo	• Los judíos celebran la fiesta de la Pascua	
• Dios nos cuida dándonos el Decálogo • En equipo: Jugamos al «memori» de los Diez Mandamientos • Amigos de Dios: Santa Catalina de Alejandría	• La entrada en la tierra prometida	
• Celebramos la Navidad en familia • En equipo: Ponemos un belén entre todos • Contemplamos una obra de arte: La huida a Egipto	• La infancia y la vida oculta de Jesús	
• Dios nos hace hijos suyos y nos llama a vivir como Jesús • En equipo: Pensamos cómo actúan los hijos de Dios y dibujamos una acción • Contemplamos una obra de arte: El Bautismo de Cristo	• Jesús es el Cordero de Dios	
• Nuestra misión es hacer felices a los demás • En equipo: Representamos algún milagro de Jesús • Contemplamos una obra de arte: Curación del paralítico de Cafarnaún	• Jesús nos ofrece el perdón de Dios	
• Jesús nos ha elegido para ser sus amigos • En equipo: Buscamos información sobre algunos apóstoles y la exponemos • Amigos de Dios: San Andrés	• Las mujeres que siguieron a Jesús	
• Los cristianos continuamos la misión de Jesús • En equipo: Confeccionamos un cartel para una campaña que anime a preocuparse de los demás • Contemplamos una obra de arte: Nuestra Señora de la Evangelización	• La Iglesia ayuda a los más necesitados	
• Hablamos y escuchamos a Dios en la oración • En equipo: Elaboramos una lista con las oraciones que rezamos • Amigos de Dios: Santo Domingo Savio	• Formas de oración	
• Todos los bautizados formamos una gran familia y compartimos los mismos bienes • En equipo: Elaboramos una breve biografía de un santo • Contemplamos una obra de arte: La Resurrección	• La Asunción de María al Cielo	

BLOQUES DE CONTENIDOS

- El sentido religioso del hombre
- La revelación: Dios interviene en la historia
- Jesucristo, cumplimiento de la Historia de la Salvación
- Permanencia de Jesucristo en la historia: la Iglesia

1 Dios nos llama a hacer el bien

Caín y Abel eran hijos de Adán y Eva. Abel era pastor, cuidaba ovejas. Y Caín era agricultor, cultivaba la tierra. Los dos ofrecían sacrificios a Dios. El sacrificio de Abel le agradaba a Dios, pero el de Caín no, porque se comportaba mal. Caín se enfadó y se puso triste, pero Dios le dijo que podía dominar el pecado y obrar bien, y así estaría contento. Sin embargo, Caín se dejó llevar por la envidia y el odio, y mató a Abel (Gén 4,1-16).

Los abuelos nos visitan

Esperábamos impacientes que sonara el timbre. Los abuelos estaban a punto de llegar. De pronto escuchamos: «¡riiing!» y fuimos corriendo a la puerta. Abrimos y allí estaban, sonrientes. No sé quiénes estaban más contentos, si ellos o nosotros.

Al cabo de un rato, nos sentamos todos apretujados en la sala de estar y llegó el momento de los regalos. Como Lucía y yo nos estamos preparando para recibir la Primera Comunión, nos regalaron una Biblia ilustrada con dibujos impresionantes. Casi a la vez, les dijimos: «¡Muchas gracias!». Nos reímos todos.

Cada uno recibió su regalo, pero el de Quique, nuestro hermano pequeño, tardaba en llegar y se puso muy nervioso, como todos los niños de su edad. Por fin le tocó el turno: un coche de pilas que, sin importar dónde chocara, cambiaba de dirección y seguía rodando. Quique lo cogió y se fue corriendo al pasillo para jugar con él.

—¡Quique, ven aquí! —dijo mamá—. ¿No vas a dar las gracias?

Quique volvió con cara de cierto fastidio y dijo: «¡Gracias!».

—Ahora quédate con los abuelos —le mandó papá—. Ya jugarás luego.

—Déjale, pobre —dijo la abuela—. Ya aprenderá.

—Todavía es pequeño —añadió el abuelo—. Lo malo sería ser mayor y no saber ser agradecido.

Después de merendar, los abuelos se retiraron y me encontré a Lucía en la sala, con la Biblia que nos habían regalado.

—Estoy leyendo la historia de Caín y Abel. ¿Cómo pudieron ser tan distintos el uno del otro? ¿Cómo pudo Caín comportarse así?

Dialogamos

- ¿Por qué están contentos Diego y Lucía? ¿Y sus abuelos?
- ¿Dieron las gracias? ¿Por qué lo hicieron?
- ¿Por qué es importante ser agradecido?
- Piensa y comenta con tus compañeros los motivos que tienes tú para dar las gracias.

Adán y Eva en el Jardín de Edén

La Biblia nos cuenta que Dios creó a los seres humanos para que vivieran en el Paraíso como amigos suyos y completaran la Creación haciendo el bien (Gén 2,4-3,24).

Dios creó a Adán y a Eva y los puso en el Jardín de Edén para que tuvieran una vida feliz, en armonía y paz con la naturaleza, con los demás y con su Creador.

Dios los hizo libres y les ofreció su amistad, para que fueran siempre felices amándole, sirviéndole y cuidando de toda la Creación.

Dios mandó a Adán y a Eva que no comieran del árbol del conocimiento del bien y del mal plantado en medio del Jardín. Les pidió que confiaran en Él, origen de la felicidad, porque solo serían felices si se fiaban de Dios: si evitaban el mal y hacían el bien que Dios les había enseñado.

Pero el diablo, en forma de serpiente, les engañó. Les dijo que si comían del árbol serían como Dios y no tendrían que obedecerle.

Después del pecado, Adán y Eva ya no quisieron ser amigos de Dios y rechazaron sus dones y la felicidad del Paraíso. Por eso no podían vivir en el Jardín de Edén y fueron expulsados.

Dios creó al hombre y a la mujer para que vivieran en armonía con la naturaleza, con los demás y con su Creador. El Jardín de Edén representa la vida feliz que Dios quiso para nosotros. Nuestros primeros padres, tentados por el diablo, desconfiaron de Dios y creyeron que serían felices apartándose de Él. Rompieron la amistad con Dios y perdieron los dones que habían recibido.

Dios nos ha creado para ser felices con Él en la tierra y después en el Cielo.

Actividades

1) **Completa la frase con las palabras de los recuadros.**

proteger	felicidad	árbol	Adán	Eva

Dios mandó a ___ y a ___ que no comieran del ___ del bien y del mal para ___ su ___.

2) **Escribe las vocales y encontrarás la causa del pecado de Adán y Eva. Busca la definición de esta palabra en el diccionario.**

S _ B _ R B _ _

3) **Copia los nombres y escribe a su lado las palabras que les corresponden.**

Dios

Adán y Eva

Diablo

envidia	soberbia	promesa
desobediencia	salvación	tentación

Dios quiere que seamos sus amigos

Dios nos crea para ser felices

Nuestro Padre Dios nos ama tanto que nos ha dado la vida para que seamos felices. Por eso nos regala la Creación entera y las personas que nos rodean, especialmente nuestra familia y nuestros amigos.

Somos felices cuando estamos junto a Dios y en armonía con los demás, con nosotros mismos y con las cosas creadas.

Todo lo que nos rodea es un don de Dios para nuestra felicidad. Somos felices cuando nos quieren y cuando amamos a Dios y a los demás.

La libertad es un regalo de Dios

Dios nos hace libres y nos enseña a distinguir lo que está bien y lo que está mal, para que elijamos correctamente. Nos pide que nos fiemos de Él y le obedezcamos, porque quiere nuestra felicidad.

Ser libres significa poder hacer el bien porque queremos. También significa ser responsables de lo que hacemos:

- Ser responsable es escoger el bien siempre, también cuando cuesta.
- Ser responsable es reconocer los errores y pecados, pedir perdón por ellos.

Dios nos ha hecho libres y nos enseña lo que está bien y lo que está mal para ayudarnos a ser felices.

¿Por qué podemos elegir entre el bien y el mal?

Podemos elegir entre el bien y el mal porque Dios nos ha hecho libres y nos da su gracia para hacer el bien y evitar el mal.

Catecismo *Jesús es el Señor*, n. 72

El mal es consecuencia del pecado

Si Dios nos crea para ser felices, ¿por qué a veces no lo somos? ¿Por qué existe el mal, el dolor y la muerte? ¿Por qué hay tanta gente que sufre, tanto odio, tantas guerras?

La Biblia nos enseña que Dios nunca ha querido el mal. El origen del mal no está en Dios, sino en el pecado de los hombres, por el que rompemos la amistad con Él.

El pecado de nuestros primeros padres dio origen a todos los males. Después del pecado original vienen los demás pecados. La Biblia nos cuenta que Caín se dejó llevar por la envidia y el odio, y mató a su hermano Abel.

Dios aborrece el pecado pero no abandona a las personas, les ofrece siempre su perdón y les ayuda a hacer el bien.

El pecado original es la raíz de todos los males del mundo.

Actividades

4 **Piensa en cada uno de estos grupos de personas y dialoga sobre una experiencia en la que te hayan hecho feliz.**

5 **Escribe una lista de acciones que te hacen feliz y otra de acciones que te hacen infeliz. Piensa en los motivos de cada una de ellas.**

6 **Piensa y contesta.**

- ¿Podemos elegir entre el bien y el mal? ¿Por qué?
- ¿Qué consecuencias tuvo el pecado de Adán y Eva?

Los hombres formamos una familia y vivimos en una casa común: el mundo. Nuestro Padre Dios nos ha confiado el encargo de cuidar esa casa y a todas las personas que vivimos en ella.

1 **Observa el cartel y piensa ejemplos para poner en práctica estos consejos. Escríbelos.**

- En tu casa.
- En el colegio.
- En la ciudad.
- En espacios naturales.

CONSEJOS PARA CUIDAR LA TIERRA

Reduce el consumo de **agua**.

Quiere y respeta a las **personas**.

Apaga las **luces** innecesarias.

Cuida a los **animales**.

Separa los **residuos**.

Cultiva **plantas**.

2 **Elige un consejo de los que aparecen en el cartel, realiza un dibujo y escribe algunas normas para que se respete.**

En equipo **Realizamos un mural que muestre todo aquello por lo que podemos dar gracias a Dios.**

Amigos de Dios

Nombre: San Francisco de Asís.

Vida: Nació en 1182 en un pueblo de Italia llamado Asís. Era hijo de un rico comerciante. De joven ayudaba a su padre en los negocios y llevaba una vida cómoda, hasta que se dio cuenta de que Dios le llamaba a seguir los pasos de Jesús.

Se retiraba a lugares apartados para rezar y estar a solas con Dios. Aprendió a reconocer a Jesús en los más débiles, los leprosos, los pobres y los enfermos. Decidió dar limosna a todos los que se la pidieran y eligió vivir también él una vida pobre, sin caprichos.

Fundó la orden religiosa de los Hermanos Menores, que son conocidos como Franciscanos. Con Santa Clara, fundó también la orden de las Clarisas.

Amaba la naturaleza porque reconocía en ella un regalo de Dios, que había creado todas las cosas. Escribió el *Cántico de las criaturas*, que es una oración en la que alaba a Dios por la obra de la Creación.

Fiesta: 4 de octubre.

3 **¿Qué cosas destacarías de la vida de san Francisco? ¿Cómo podemos seguir su ejemplo?**

4 **Ordena las letras de cada palabra y forma el nombre de cosas por las que san Francisco alababa a Dios.**

LSO	RARIET	BEUN	OGFEU	LESMAINA

5 **Lee estas estrofas del *Cántico de las criaturas* de san Francisco. Piensa en algunas cosas creadas e inventa una estrofa alabando a Dios.**

Alabado seas, mi Señor,
en todas tus criaturas,
especialmente en el señor hermano sol,
por quien nos das el día y nos iluminas.

Alabado seas, mi Señor,
por la hermana luna y las estrellas,
en el cielo las formaste claras
y preciosas y bellas.

El diluvio universal

Con el paso del tiempo, el mal se extendió por toda la tierra. La Biblia cuenta que Dios decidió enviar un diluvio para acabar con la maldad en la que vivían los seres humanos.

Dios quiso salvar a Noé y a su familia, ya que él era el único justo que quedaba sobre la tierra. Le ordenó construir un arca y recoger en ella una pareja de animales de cada especie.

El diluvio provocó una inundación que hizo morir a todos los seres vivos sobre la tierra. Después de muchos días, cuando Noé comprobó que las aguas habían retrocedido, salió del arca junto con su familia y dio gracias a Dios.

Dios hizo una Alianza con Noé y todos los hombres, prometiéndoles su protección y cuidado.

El Arca de Noé en el monte Ararat (1570), Simon de Myle.

Entonces Dios hizo una alianza con Noé y todos los hombres, sus descendientes, y les prometió que no volvería a haber otro diluvio igual. Como señal de la Alianza, puso en el cielo el arcoíris (Gén 6,9-9,17).

Responde

1) **¿Por qué Dios envió el diluvio? ¿Qué representa el arcoíris?**

2) **Busca en la Biblia cómo se llamaban los hijos de Noé.**

1) **Copia y completa con las palabras que faltan.**

pecado bien felices

Dios

- nos ha creado → para ser ___.
- nos ha hecho libres → para hacer el ___.
- no quiere el mal, → el mal viene del ___.

2) **Copia la frase y completa las palabras que faltan buscando las letras en el dibujo.**

Dios hizo a Adán y a Eva ___ ___ b ___ e ___
1 2 3 4

y les ofreció su ___ m ___ ___ t ___ d.
5 2 4 5

3) **Nombra algunos dones que Dios te ha dado para que seas feliz.**

Personas ↓ | Cosas ↓

4) **Escribe estos acontecimientos de la historia de Adán y Eva en el orden en el que sucedieron.**

- Desconfiaron de Dios.
- Dios los puso en el Jardín de Edén para que fueran felices.
- Perdieron los dones que Dios les había dado.
- Dios les dio un mandato para proteger su felicidad.

5) **¿Cuál es el origen del mal en el mundo? Elige la respuesta correcta.**

libertad | pobreza | pecado

Recuerda

- Dios nos ha creado para ser felices con Él en la tierra y después en el Cielo.
- Todo lo que nos rodea es un don de Dios para nuestra felicidad. Somos felices cuando nos quieren y cuando amamos a Dios y a los demás.
- Dios nos ha hecho libres y nos enseña lo que está bien y lo que está mal para ayudarnos a ser felices.
- El pecado original es la raíz de todos los males del mundo.

2 Dios llama a Moisés para liberar a su Pueblo

Después de la muerte de José en Egipto, pasaron muchos años y los israelitas se hicieron muy numerosos. Llegó un faraón que tuvo miedo de ellos y decidió convertirlos en esclavos. También ordenó que arrojaran al río Nilo a los israelitas varones recién nacidos. Cuando nació Moisés, su madre lo tuvo escondido tres meses y luego lo dejó en el río dentro de una cesta, junto a la orilla. La hija del faraón lo descubrió y decidió adoptarlo (Éx 2,1-10).

Un documental sobre Egipto

—¡Fíjate en esos camellos! —dijo Lucía—. Parecen hormigas al lado de la pirámide. ¿Tú crees que alguien habrá subido alguna vez hasta la punta?

—Seguro que sí —respondí—, pero es como escalar una montaña...

A papá le gusta ver con nosotros algunos documentales que ponen en la tele. Estábamos viendo uno sobre Egipto.

—Bueno —intervino papá—, las pirámides son grandes, pero tanto como una montaña... No llegan a los 150 metros de altura. Lo que sí es seguro es que el que suba sudará bastante...

—Y pensar que son tumbas de una sola persona... —dije.

—Sí —asintió papá—. Las tres más grandes son de unos faraones que se llamaban Keops, Kefrén y Micerino.

—¿Y cómo las construyeron? —preguntó Lucía—. En aquella época no había grúas, ni máquinas, ni camiones...

—No se sabe muy bien cómo las hicieron —respondió papá—, pero sin duda trabajaron miles y miles de personas, seguramente esclavos.

—¡Ya lo sé! —dije yo— ¡Fueron los israelitas!

—Pues no —aseguró papá—, porque estas pirámides se construyeron mil años antes de que los israelitas llegaran a Egipto. Pero es verdad que los israelitas trabajaron como esclavos en otros lugares del país y sufrieron mucho, hasta que Dios escogió a Moisés para liberarlos. Moisés tuvo que enfrentarse al faraón, que era muy temible y poderoso. Algunos piensan que ese faraón era Ramsés II, del que todavía se conserva la momia.

—¿La momia? —exclamó Lucía— ¡Qué miedo!

—¡Hala! —dijo papá—, vamos a seguir viendo la tele, que ahora van a hablar del Nilo, uno de los ríos más largos del mundo.

Dialogamos

- ¿Dónde están las pirámides? ¿Para qué se utilizaban?
- ¿Quiénes trabajaban en la construcción de las pirámides?
- ¿Cómo era la vida de los israelitas en Egipto?
- ¿A quién escogió Dios para liberar a los israelitas de la esclavitud de Egipto?
- ¿Con quién se enfrentó Moisés? ¿Por qué?

Dios libera a los israelitas por medio de Moisés

Moisés se enfrentó con un egipcio que estaba maltratando a un israelita. El faraón se enteró y se enfadó con Moisés. Por eso tuvo que huir al desierto y se convirtió en pastor. Allí le llamó Dios para salvar a su Pueblo (Éx 1,11-15,21).

Un día Moisés observó que una zarza ardía sin consumirse y se acercó. Entonces escuchó la voz de Dios que le dio la misión de liberar a su Pueblo y conducirlo a la tierra prometida.

Moisés y su hermano Aarón se presentaron ante el faraón y le pidieron que dejara marchar a los israelitas. El faraón se negó y les obligó a trabajar más duro que antes.

Entonces Dios mostró su poder con prodigios y castigó la tierra de Egipto con diez terribles plagas. El faraón no hizo caso a las nueve primeras.

En la décima plaga murieron los primogénitos de Egipto. El faraón vio que el poder de Dios era superior al suyo y decidió dejarles marchar.

Más tarde el faraón se arrepintió y persiguió a los israelitas con su ejército. Cuando los israelitas estaban acampados junto al mar Rojo, vieron acercarse a los egipcios y quedaron sobrecogidos de miedo. Entonces Dios separó las aguas del mar Rojo dejándoles paso hasta la otra orilla y luego las cerró cuando pasaban los egipcios.

Dios mostró que nada es imposible para Él y protegió a su Pueblo con grandes prodigios. Cuando las aguas del mar Rojo impidieron el paso a los egipcios, los israelitas comprendieron que Dios les había salvado, como había prometido, y rompieron a cantar un cántico de alabanza:

«Cantaré al Señor, gloriosa es su victoria,
caballos y carros ha arrojado al mar.
Mi fuerza y mi poder es el Señor,
Él fue mi salvación.
Él es mi Dios: yo lo alabaré;
el Dios de mis padres: yo lo ensalzaré» (Éx 15,1b-2).

La Biblia narra la vida de Moisés, uno de los personajes más importantes de la Historia de la Salvación.

Actividades

1) Completa las frases con las palabras de los recuadros y escríbelas.

Aarón	bastón	Moisés	Dios

●, para ayudar a ● le concedió el poder de hacer cosas prodigiosas con el ● que llevaba y le ofreció la compañía de su hermano ●.

2) Coloca las vocales que se han fugado y conocerás cuáles fueron las plagas.

1. S●NGR●
2. R●N●S
3. M●SQ●●T●S
4. TÁB●N●S
5. PEST●
6. ÚLC●R●S
7. T●RM●NT●S
8. L●NGOST●S
9. TIN●EBL●S
10. MU●RT●

3) Lee en voz alta y con entonación el cántico de alabanza de los israelitas después de pasar el mar Rojo.

La misión de Moisés

Dios tiene un plan de Salvación

Adán y Eva no se fiaron del mandato de Dios y le desobedecieron. Usaron mal de su libertad y entró el pecado en el mundo. Pero Dios les prometió que enviaría un Salvador.

Para preparar su llegada, Dios escogió a Abrahán. Al contrario de Adán y Eva, Abrahán se fio de Dios y le obedeció. Lo mismo hicieron Isaac y Jacob. De Abrahán nació el Pueblo de Israel. Y de este Pueblo nacería, muchos años después, el Salvador.

Dios confió a Moisés una misión: liberar a su Pueblo de la esclavitud de Egipto y llevarlo a la tierra prometida.

Moisés ante la zarza ardiente, vidriera de la Catedral de Notre-Dame de París (Francia).

Dios llama a Moisés

Muchos años después de Abrahán, los israelitas se convirtieron en esclavos de los egipcios. Entonces, Dios preparó y escogió a Moisés.

Le habló en la montaña desde una zarza ardiente: «Yo soy el Dios de tus padres, el Dios de Abrahán, el Dios de Isaac, el Dios de Jacob». Le dijo que le había escogido para sacar a su Pueblo de la esclavitud de Egipto y llevarlo a la tierra prometida.

Moisés pensó que no era capaz, pero Dios le aseguró: «Yo estoy contigo». Moisés se fio de Dios y le obedeció (Éx 3,1-16).

La salida de Egipto

Moisés pidió al faraón que dejara marchar al Pueblo de Israel, pero el faraón se negó. Entonces Dios envió diez plagas a los egipcios (Éx 7,8-10,1-29).

Antes de la décima plaga, el Señor pidió a Moisés y Aarón que esa noche cada familia israelita se juntase para comer un cordero. Debían sacrificarlo al atardecer y rociar con su sangre el marco de la puerta de la casa. Y les dijo:

> «Comeréis la carne, asada a fuego, y comeréis panes sin fermentar y hierbas amargas. Y lo comeréis así: la cintura ceñida, las sandalias en los pies, un bastón en la mano; y os lo comeréis a toda prisa, porque es la Pascua, el Paso del Señor» (Éx 11-13).

Con la cena de Pascua se inicia la liberación del Pueblo de Israel.

Esa noche murieron todos los primogénitos de Egipto, también el primogénito del faraón. Solo se salvaron los que habitaban las casas marcadas con la sangre del cordero. Esa misma noche el faraón dejó salir de Egipto al Pueblo de Israel, que se dirigió hacia el mar Rojo (Éx 12,1-32).

El faraón se arrepintió y salió con su ejército para perseguir a los israelitas. Entonces Dios salvó a su Pueblo abriéndoles un camino por el mar y cerrando las aguas sobre el ejército egipcio (Éx 14).

Dios separó las aguas del mar Rojo para salvar a su Pueblo.

Actividades

4) ¿A quiénes eligió Dios para preparar la llegada del Mesías? Copia las respuestas correctas.

Adán y Eva   Abrahán   Caín   Jacob   Isaac   Abel   Moisés

5) Descifra el mensaje y escríbelo. Encontrarás la solución calculando las operaciones y cambiando los resultados por las letras indicadas.

13 = o   10 = c   19 = n   6 = f   12 = i

Moisés siempre | 2 x 5 | 18 – 5 | 12 + 7 | 14 – 8 | 3 x 4 | 9 + 4 | en Dios.

Hablamos con Dios como se habla con un amigo.

1) ¿En qué podemos imitar a Moisés? Copia las respuestas correctas.

Podemos imitar a Moisés en
- A. hacer prodigios.
- B. confiar en Dios y obedecerle.
- C. liberar a los israelitas.
- D. hablar con Dios como un amigo.

2) ¿Cómo podemos hablar con Dios? Sigue en la tabla de la derecha el camino marcado en el dibujo de la izquierda y escribe la frase.

•	S	•	•	C	S	•	O	N	I	G
P	O	H	R	O	O	C	C	•	M	O
O	M	A	A	N	I	O	•	U	A	•
D	E	B	L	•	D	M	O	N	•	•

3) Moisés pedía a Dios por su Pueblo. Descubre por qué personas puedes pedir tú.

SETODRECAS SORENOISIM SONAMREH

SOLEUBA SOMREFNE SOGIMA

SERDAP SERBOP

4) Cuando hablamos con Dios, podemos contarle nuestras cosas, darle gracias y pedirle perdón y ayuda. Copia y completa.

- Gracias por...
- Perdón por...
- Ayúdame a...

5) Copia y completa las frases escribiendo las palabras de los recuadros según corresponda.

darle gracias

pedirle ayuda

- Cuando has disfrutado mucho en una excursión es bueno acordarte de Dios para ___.
- Cuando te cueste ser generoso con tus cosas puedes acordarte de Dios para ___.
- Cuando has sacado buenas notas es bueno que te acuerdes de Dios para ___.

En equipo

Dramatizamos el encuentro de Moisés con Dios en la zarza ardiente. Podéis leerlo en una Biblia (Éx 3,1-4,17).

Contemplamos una obra de arte

El paso del mar Rojo (1482), atribuido a Cosimo Rosselli, Capilla Sixtina (Ciudad del Vaticano).

Las historias de la Biblia han sido representadas por numerosos artistas a lo largo de los años. En este cuadro, un artista del siglo XV ha pintado a Moisés y a los israelitas nada más pasar el mar Rojo.

6 Observa el cuadro y contesta.

- ¿En qué lado están los israelitas?
- ¿Cómo han atravesado el mar?
- ¿Qué le está pasando al ejército del faraón?

7 Explica lo que hace cada uno de estos personajes.

Los judíos celebran la fiesta de la Pascua

Desde que Dios salvó a los israelitas, el pueblo judío celebra el recuerdo de aquel día: el Paso o la Pascua del Señor. Dios sacó a su Pueblo de la esclavitud de Egipto, lo hizo pasar a través de las aguas del mar Rojo y lo acompañó hasta la tierra prometida.

Cada año, al llegar la Pascua, los judíos celebran la fiesta con una cena especial. Durante la cena, el más pequeño de la familia pregunta el significado de aquella noche y el más anciano recuerda lo que Dios hizo por ellos.

Los judíos celebran la fiesta de la Pascua para conmemorar el día que Dios los liberó de la esclavitud y empezó a guiarlos hacia la tierra prometida.

Para los cristianos la Pascua judía es anuncio de la Pascua de Jesús: con su Pasión, Muerte y Resurrección, Jesús nos libró de la esclavitud del pecado y nos llevó a la Salvación.

El paso del mar Rojo es símbolo del Bautismo porque con él se pasa de la esclavitud del pecado a la vida con Dios.

Responde

1) ¿Qué celebran los judíos en la cena de la Pascua?

2) Copia lo que pregunta el más pequeño de la familia en la Pascua y lo que le contesta el más anciano.

3) Completa, siguiendo el código de colores, y sabrás cómo era el cordero que cenaban los judíos en la cena de Pascua.

1) Copia y completa con las palabras que faltan.

prometida Pueblo Moisés Egipto

Dios

tiene un plan de Salvación:

elige a ____ para

liberar a su ____ de la esclavitud de ____ y llevarlo a la tierra ____

2) Copia el crucigrama. Escribe los nombres y en la columna morada aparecerá la palabra que indica lo que muestra Dios con las plagas.

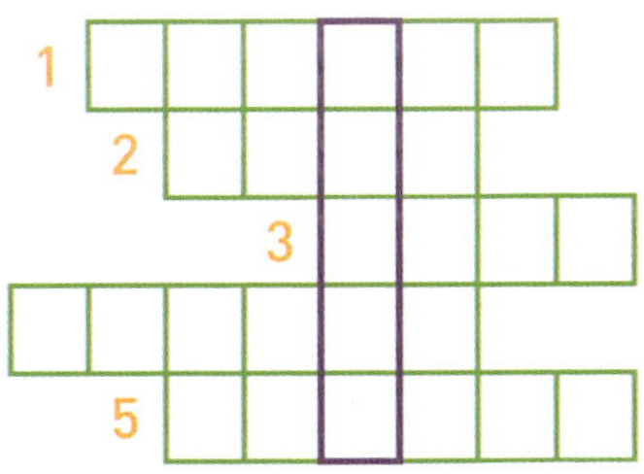

1. País donde estaban los israelitas como esclavos.
2. Siempre acompaña a su Pueblo.
3. Número de plagas que Dios envió sobre Egipto.
4. Pidió al faraón que dejara salir a los israelitas.
5. Nombre del Pueblo de Dios.

3) Ordena cronológicamente los siguientes acontecimientos.

- Moisés y su Pueblo pasan el mar Rojo.
- La hija del faraón encuentra a Moisés en el río.
- Dios elige a Moisés para una misión.
- Dios envía plagas.

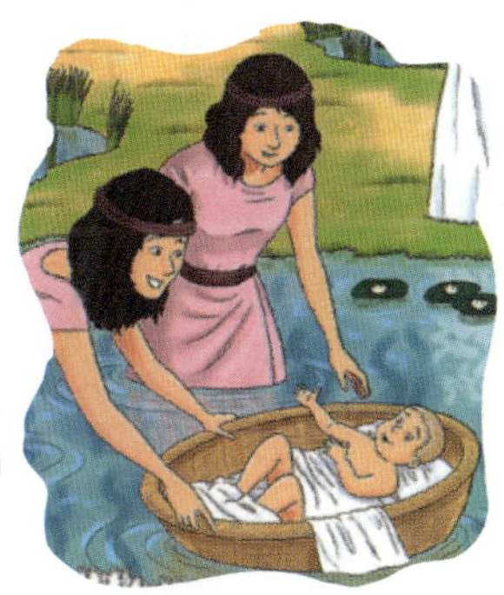

4) ¿Cómo se llama la fiesta con la que los judíos conmemoran la liberación de la esclavitud de Egipto?

Recuerda

- La Biblia narra la vida de Moisés, uno de los personajes más importantes de la Historia de la Salvación.
- Dios confió a Moisés una misión: liberar a su Pueblo de la esclavitud de Egipto y llevarlo a la tierra prometida.
- Con la cena de la noche de Pascua se inicia la liberación del Pueblo de Israel.
- Dios separó las aguas del mar Rojo para salvar a su Pueblo.

3 Dios hace una Alianza con el Pueblo de Israel

El Señor dijo a Moisés que subiera a la montaña del Sinaí para hacer una Alianza con su Pueblo. Moisés estuvo cuarenta días en la montaña. Los israelitas, viendo que Moisés no volvía, fabricaron un becerro de oro y lo adoraron como a un dios. Cuando Moisés bajó y vio el ídolo, rompió las Tablas de la Ley que Dios le había dado y destruyó el becerro. Subió otra vez al monte y Dios le transmitió de nuevo las Diez Palabras de la Alianza, que Moisés escribió en nuevas tablas. Al bajar, tenía el rostro radiante por haber hablado con el Señor (Éx 24.32-34).

Una excursión a la montaña

Cuando salió el sol, ya estábamos despiertos y muy inquietos, porque nos íbamos al monte con papá y mamá. Era la primera vez que Lucía y yo íbamos a subir un monte hasta la cima, andando. No era muy grande (aunque sí más alto que las pirámides). Se veía desde una de las ventanas de casa. A veces, en invierno, la punta se cubría de nieve. Fuimos en autobús hasta el pueblo más cercano y, después de cruzar un río, empezamos a subir por un camino.

—Hay que seguir siempre estas señales, ¿veis? —nos dijo papá.

Nos enseñó unas rayas horizontales pintadas sobre una roca, una blanca y otra roja. Al cabo de un rato, llegamos a un sitio donde el camino se dividía en dos. Nos fuimos por el de la derecha, pero enseguida papá nos dijo:

—Por aquí no es. ¿Veis esta señal? —En una roca las líneas blanca y roja formaban una equis—. Eso quiere decir que este es un camino equivocado.

Cuando volvimos al otro camino, Lucía vio enseguida las rayas horizontales blanca y roja.

—¡Por aquí! —gritó, y le seguimos todos.

Después de caminar una hora, vi una fuente. Corrí hacia ella pero, cuando iba a beber, leí un cartel que decía: «No beber».

—¿Por qué no podemos beber? ¿Es de alguien esta agua? Total, qué más da, se va a perder de todas maneras...

—No es por eso... No has leído el cartel entero —dijo mamá—. ¿Ves?, aquí pone: «Agua no potable». Si bebes de esa agua, te vas a poner enfermo... Más arriba hay otra fuente de agua potable.

Después de mucho caminar, llegamos por fin a la cima. Era una vista impresionante. Se veían valles, ríos, pueblos pequeños y otros montes... Estábamos cansados, pero había valido la pena.

Dialogamos

- ¿Qué señales encontraron Lucía y su familia en la montaña? ¿Para qué servían?
- ¿Qué habría pasado si Lucía y Diego no hubiesen leído el cartel de la fuente?
- ¿Qué señales conoces tú? ¿Cómo te ayudan o protegen?

Dios acompaña y cuida a su Pueblo

Durante los años que el Pueblo de Israel pasó en el desierto, Dios le manifestó su amistad y sus cuidados mediante numerosos signos (Éx 15,22-17,16 y 35-40).

Cuando comenzaron a escasear los alimentos, Moisés rezó al Señor. Esa misma tarde cayeron sobre el campamento bandadas de codornices y todos pudieron comer carne.

Todas las mañanas aparecía una capa de rocío y, al evaporarse, quedaba un polvo fino como escamas. Era blanco y con sabor a torta de miel. Ellos lo llamaron «maná».

Cuando les faltó el agua para beber, Dios le dijo a Moisés que golpeara una roca con su bastón y brotó un manantial del que bebieron todos.

Moisés construyó un Arca siguiendo las indicaciones de Dios. Guardó en ella las tablas con los Diez Mandamientos y la llamó Arca de la Alianza.

Dios pidió a Moisés que le construyera una tienda o tabernáculo que le sirviera de casa. Se llamó Tienda del Encuentro. Moisés colocó en ella el Arca de la Alianza. En ese momento una nube cubrió el tabernáculo. Era la señal de que Dios estaba ahí.

Durante la travesía del desierto, Dios cuidaba a su Pueblo, lo alimentaba y le daba de beber. Para que pudieran caminar de día y de noche, les acompañaba siempre: de día, en una columna de nubes, para guiarlos por el camino; y de noche, en una columna de fuego, para alumbrarlos. El Señor habitaba en medio de su Pueblo en la Tienda del Encuentro.

Dios acompañó y cuidó a su Pueblo mientras caminaba por el desierto.

Actividades

1) Relaciona los sufrimientos del Pueblo de Israel con la ayuda que recibió de Dios y, después, escribe las frases.

El Pueblo de Israel	Cómo le ayuda Dios
Era esclavo en Egipto.	Hace brotar agua del manantial.
No tenía alimentos.	Envía a Moisés para liberarlo de la esclavitud.
Le faltaba agua.	Le manda maná.

2) Piensa y contesta.

- ¿Cómo llamó Moisés al tabernáculo? ¿Por qué piensas que le puso ese nombre?
- ¿Podrían haber llegado los israelitas a la tierra prometida sin los cuidados de Dios?

3) Copia y escribe las vocales, averiguarás qué hay en el interior del tabernáculo.

●L ●RC● D● L● ●L●●NZ●

La Alianza de Dios con su Pueblo

Dios habla con Moisés en el Sinaí

A los tres meses de la salida de Egipto, los israelitas llegaron al desierto del Sinaí. Acamparon al pie del Horeb, el monte de Dios, donde Moisés había visto la zarza ardiente.

Dios mostró su presencia desde una gran nube, con truenos, relámpagos y un fuerte sonido de trompeta. Entonces el Señor habló con Moisés en la montaña del Sinaí (Éx 19,1-25).

> «Cuando el Señor acabó de hablar con Moisés en el monte Sinaí, le dio las dos tablas del Testimonio, tablas de piedra escritas por el dedo de Dios» (Éx 31,18).

Dios estableció con su Pueblo una Alianza, y le dio los Diez Mandamientos como camino de vida y de felicidad.

Dios hace una Alianza con su Pueblo

Los israelitas jamás olvidarían este momento tan solemne, en el que Dios estableció la Alianza con el Pueblo de Israel: fue el momento más importante de su historia.

La Alianza es un pacto de amistad y de amor: Dios se compromete a proteger siempre a su Pueblo y le da el Decálogo, para que todos sepan vivir felices como hijos suyos. El Pueblo se compromete a cumplir los mandamientos del Señor, que le muestran el camino del bien.

El Pueblo de Israel no siempre fue fiel a esta Alianza y muchas veces no respetó los mandatos del Señor. Pero Dios, paciente y misericordioso, salía una y otra vez al encuentro de su Pueblo.

Los Diez Mandamientos o Decálogo

Los Diez Mandamientos o Decálogo nos enseñan cómo amar a Dios y al prójimo. Valen para todos los hombres y mujeres de todos los tiempos y lugares. Son como una luz con la que Dios nos guía para ser buenos hijos suyos.

Estos son los mandamientos que Dios entregó a Moisés:

Amor a Dios

1. Amarás a Dios sobre todas las cosas.
2. No tomarás el nombre de Dios en vano.
3. Santificarás las fiestas.

Amor a los demás

4. Honrarás a tu padre y a tu madre.
5. No matarás.
6. No cometerás actos impuros.
7. No robarás.
8. No darás falso testimonio ni mentirás.
9. No consentirás pensamientos ni deseos impuros.
10. No codiciarás los bienes ajenos.

¿Qué nos enseñan los Diez Mandamientos?

Los Diez Mandamientos nos enseñan el camino para llegar a Dios y así ser felices y hacer felices a los demás.

Catecismo *Jesús es el Señor*, n. 75

Actividades

4) Explica qué es la Alianza.

5) Sigue el camino que marcan las flechas y descubrirás qué son los Mandamientos.

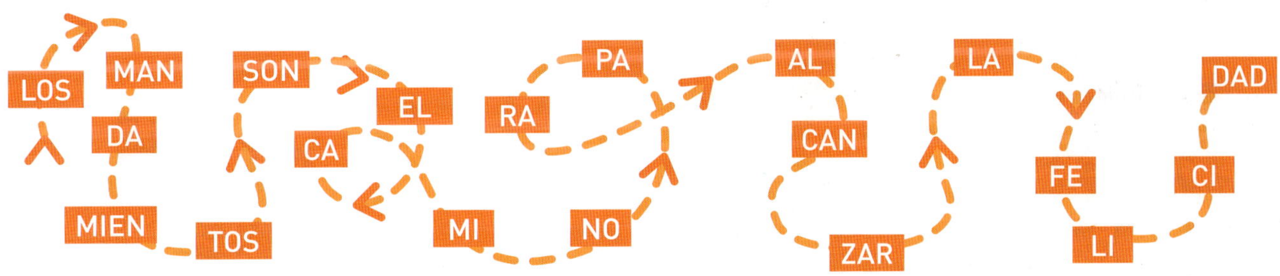

6) Copia y completa con las palabras de los recuadros.

tres	prójimo	siete	Mandamientos	Dios	amor

Los ___ primeros ___ se refieren al ___ a ___ y los otros ___ al amor al ___.

- Dios nos cuida siempre y nos ha dado la familia, la salud, el colegio, los amigos…
- Dios también nos cuida dándonos el Decálogo. Cuando vivimos los Diez Mandamientos, somos felices y ayudamos a que los demás también lo sean.

1) Copia las letras rojas y descifra el mensaje.

D	P	I	O	L	S	J	U	S	Ñ	I	E	M	B	M	P	R	A	E	C
F	N	H	O	S	F	C	U	S	I	O	D	I	A	E	Y	M	L	S	E
A	G	A	R	I	A	D	M	E	B	C	E	M	O	S	P	L	T	P	O
P	L	Q	A	U	E	P	H	I	A	B	I	C	E	T	E	S	P	O	R
R	G	F	N	T	C	O	M	S	U	O	C	I	M	T	L	R	I	O	S

2) Escribe qué podemos hacer para mostrar nuestro agradecimiento a Dios por sus cuidados.

3) Observa estas imágenes y escribe un ejemplo de cómo vives tú cada uno de los Diez Mandamientos.

- Amar a Dios

- Hablar bien de Dios

- Celebrar las fiestas

- Querer a los padres

- Respetar la vida

- Cuidar el amor

- Respetar lo ajeno

- Decir la verdad

- Pensar y desear lo mejor

- Disfrutar de lo que se tiene

En equipo

Jugamos al «memori» de los Mandamientos. Hacemos tarjetas que formen parejas: una llevará escrito el Mandamiento con el número y otra una acción para cumplirlo.

Amigos de Dios

Nombre: Santa Catalina de Alejandría.

Vida: Nació a finales del siglo IV en una familia noble de Alejandría, en Egipto. Estudiaba mucho y llegó a tener una gran sabiduría. Por amor a Jesús, decidió no casarse y entregarse totalmente a Él.

Se cuenta que Majencio, emperador de Roma, organizó una fiesta en la que se ofrecían sacrificios a dioses falsos. Catalina no quiso hacerlo y animó al emperador a conocer al verdadero Dios. Majencio reunió a unos sabios para convencer a Catalina, pero ella consiguió que se convirtieran al cristianismo. Entonces el emperador ordenó que torturaran a Catalina, pero salió ilesa. Luego Majencio hizo que la decapitaran. Catalina tenía dieciocho años.

Monasterio de Santa Catalina de Alejandría al pie del monte Sinaí.

Según una tradición muy antigua, el cuerpo de Santa Catalina de Alejandría está enterrado en el monasterio que lleva su nombre, al pie del monte Sinaí, donde tuvo lugar la Alianza de Dios con su Pueblo a través de Moisés.

Fiesta: 25 de noviembre. Es la patrona de los estudiantes.

4) ¿Sabes qué pecado quería el emperador que cometiera Catalina? Multiplica cada número por 9, descifra el código y escribe la letra correspondiente.

27 = R	36 = L	45 = T	54 = D
63 = A	72 = I	81 = O	

8 6 9 4 7 5 3 8 7

5) ¿Qué consiguió Catalina gracias a su inteligencia y a sus conocimientos?

La entrada en la tierra prometida

El Pueblo de Israel desconfió muchas veces de Dios, a pesar de todo lo que había hecho por él. Por eso tuvo que vagar por el desierto durante cuarenta años (Núm 14,1-38).

Cuando Moisés era ya muy anciano, el Señor le ordenó que subiera al monte Nebo. Desde allí le mostró la tierra prometida y le dijo: «Te la he hecho ver con tus propios ojos, pero no entrarás en ella» (Dt 34,4).

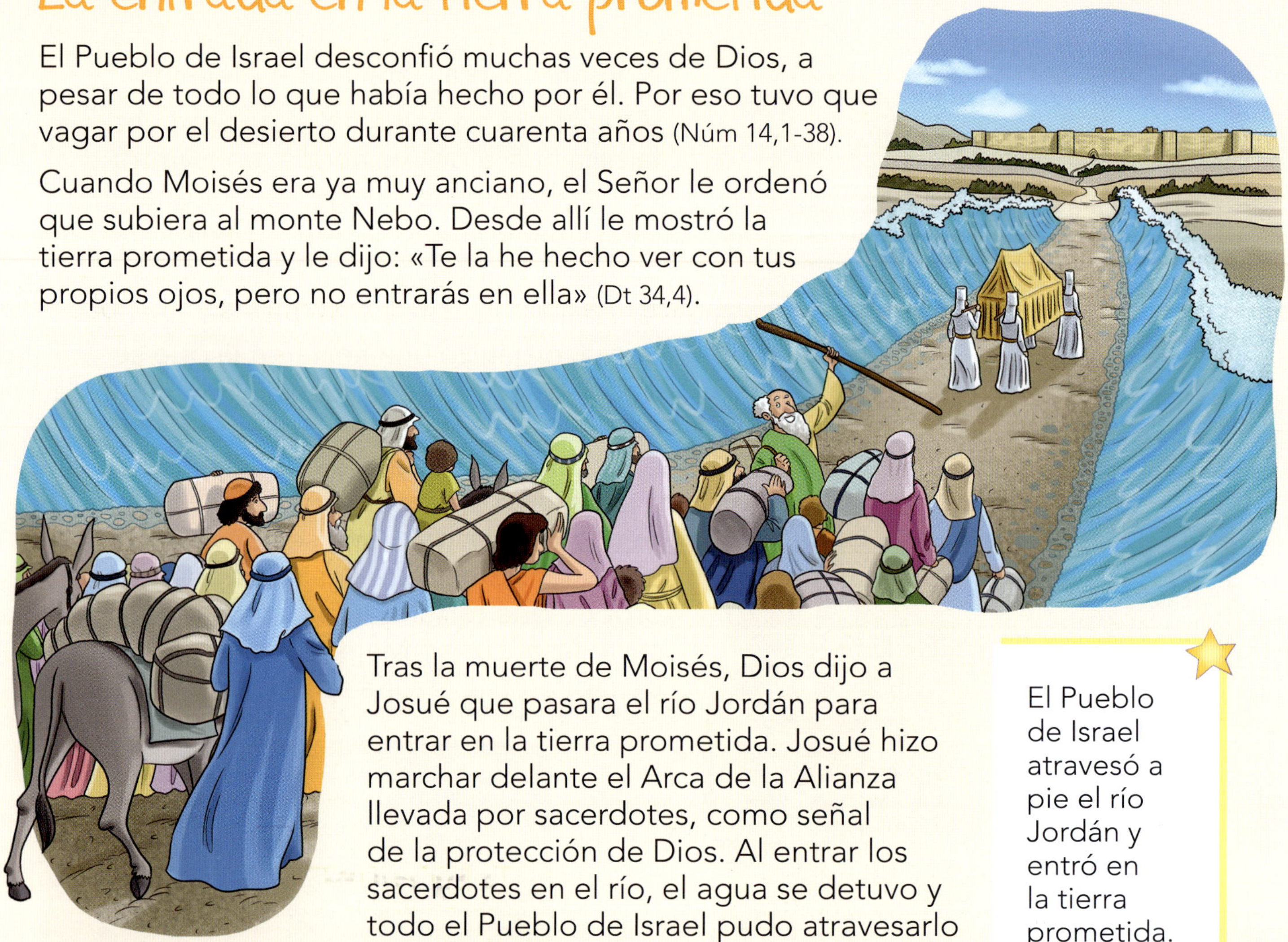

Tras la muerte de Moisés, Dios dijo a Josué que pasara el río Jordán para entrar en la tierra prometida. Josué hizo marchar delante el Arca de la Alianza llevada por sacerdotes, como señal de la protección de Dios. Al entrar los sacerdotes en el río, el agua se detuvo y todo el Pueblo de Israel pudo atravesarlo a pie por el cauce seco (Jos 3-4).

El Pueblo de Israel atravesó a pie el río Jordán y entró en la tierra prometida.

Responde

1) Relaciona cada frase con el personaje al que se refiere y escríbelo.

 Moisés

 Pueblo de Israel

 Josué

- **a** Desconfió muchas veces de Dios.
- **b** Subió al monte Nebo y vio la tierra prometida.
- **c** Fue el sucesor de Moisés.
- **d** Entró en la tierra prometida.
- **e** Hizo marchar delante el Arca de la Alianza.
- **f** No entró en la tierra prometida.

2) Contesta.

- ¿A quién prometió Dios una tierra para sus descendientes? Escríbelo.
- ¿Por qué los sacerdotes llevaban el Arca de la Alianza delante del Pueblo?
- ¿Con qué otro prodigio de Dios podemos comparar el paso del río Jordán?

1) Copia y completa con las palabras que faltan.

Pueblo · maná · Tabernáculo · Decálogo · Alianza

Dios
→ cuida a su ____:
- lo alimenta con agua → y con ____.
- hace una ____ → y le entrega el ____.
- le acompaña en la nube → y en el ____.

2) Ordena estos acontecimientos según sucedieron.

- El Pueblo de Israel entró en la tierra prometida.
- Los israelitas celebraron la cena pascual.
- El faraón hizo esclavos a los israelitas.
- Dios hizo con su Pueblo una Alianza en el monte Sinaí.
- Los israelitas cruzaron el mar Rojo huyendo del faraón.

3) Copia y completa el crucigrama.

1. Conjunto de los Diez Mandamientos.
2. Nunca abandona a su Pueblo.
3. Son camino de vida y de felicidad.
4. Pan blanco con sabor a torta de miel.
5. Pacto que Dios hace con su Pueblo.
6. Aves que cayeron en el campamento de los israelitas.
7. Brotó al golpear la roca con el bastón.
8. El otro nombre que tiene el monte Sinaí.

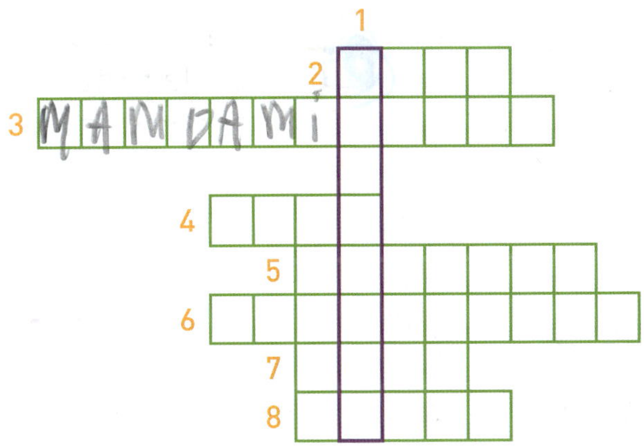

4) Contesta.

- ¿Qué Mandamientos nos enseñan a comportarnos bien con Dios?
- ¿Qué Mandamientos nos enseñan a comportarnos bien con los demás?

Recuerda

- Dios acompañó y cuidó a su Pueblo mientras caminaba por el desierto.
- Dios estableció con su Pueblo una Alianza y le dio los Diez Mandamientos como camino de vida y de felicidad.

4 Dios envía a su Hijo para salvarnos

En Oriente había tres sabios que querían conocer al Salvador que Dios había anunciado a los judíos. Cuando nació Jesús, Dios les hizo ver una estrella que les guió hasta Belén para que pudieran adorarle. Cuando llegaron, ofrecieron a Jesús oro, incienso y mirra, porque era el Rey de los judíos. Pero el rey Herodes, al ver que llamaban «Rey» a Jesús, quiso matarlo. Por eso, cuando se marcharon los magos, un ángel se apareció en sueños a José y le dijo que huyera a Egipto con el Niño y su Madre María (Mt 2,1-18).

¡Vamos a patinar!

Papá me ayudó a atarme las botas. Se me había puesto la nariz roja de frío, porque estábamos en una pista de patinaje sobre hielo que habían instalado en una plaza durante las fiestas de Navidad.

—¡Tened cuidado! —nos dijo papá a Diego y a mí. Bueno, ya se sabe: si quieres patinar sobre hielo, algún mamporro te tienes que llevar...

No se nos daba nada mal: habíamos aprendido el año anterior y era fácil acordarse. Hasta que de pronto... ¡zas! Perdí el equilibrio y me vine al suelo. ¡Qué vergüenza me dio! Intenté levantarme, pero me volvía a caer, hasta que un chico mayor se acercó y me ayudó tirándome de un brazo.

Diego me estaba mirando y se reía. Al principio me enfadé, pero luego pensé: «¡Qué tontería!», y me eché a reír yo también. Luego fue Diego el que se cayó. El mismo chico se acercó y le ayudó: era muy simpático y patinaba muy bien.

Cuando nos fuimos ya se había hecho de noche. Toda la ciudad estaba iluminada.

—¿Por qué se ponen tantas luces en Navidad, papá? —preguntó Diego.

—Porque celebramos que Jesús ha venido a la tierra para iluminar nuestras vidas —respondió papá—. Él nos enseña el camino que lleva a Dios y vino también para ayudarnos a recorrerlo. Si nos tropezamos y caemos, nos ayuda a levantarnos.

—¡Como ese chico tan simpático de la pista! —dije.

Nos echamos a reír.

—Algo parecido —comentó papá—. ¿Queréis que os invite a una golosina?

—¡Sí, gracias! —respondimos Diego y yo a la vez.

Papá nos compró un algodón de azúcar a cada uno y, mientras íbamos a la parada de autobús para volver a casa, nos deteníamos en los escaparates donde habían puesto el belén. Mirando a Jesús en el pesebre le dábamos gracias por querernos tanto.

Dialogamos

- ¿Qué actividades se organizan en nuestra ciudad durante las fiestas de Navidad?
- ¿Cuál es el significado de la iluminación navideña?
- ¿Para qué se instalan belenes?
- ¿Qué es lo verdaderamente importante de la Navidad?

Dios cumple su promesa

Durante mucho tiempo, Dios preparó al Pueblo de Israel para que de él naciera el Salvador prometido. María confiaba en la promesa de Dios y esperaba la venida del Mesías (Lc 1,26-2,20).

El ángel Gabriel anunció a María que Dios la había escogido para ser la Madre del Salvador. Ella aceptó los planes de Dios y concibió a Jesús por obra y gracia del Espíritu Santo.

El ángel le había dicho a María que su prima Isabel esperaba un hijo. Como Isabel era muy mayor, María fue a su casa para ayudarla y compartir con ella su alegría.

El emperador César Augusto ordenó que cada uno se empadronase en su ciudad de origen. María y José fueron desde Nazaret hasta Belén, porque José era de la familia de David.

Al llegar a Belén le vino a María el momento de dar a luz. Como no encontraron sitio en la posada, se cobijaron en un establo.

Allí nació Jesús. María lo envolvió en pañales y lo acostó en un pesebre. No muy lejos, había unos pastores que cuidaban su rebaño. Un ángel se les apareció y les anunció que había nacido el Salvador. Y se le unió un coro de ángeles que cantaban: «Gloria a Dios en el Cielo, y en la tierra paz a los hombres de buena voluntad». Entonces los pastores corrieron a Belén para adorar a Jesús y ofrecerle sus dones.

Dios nos quiere tanto que envió a su Hijo al mundo para salvarnos. Escogió a la Virgen María para ser la Madre del Salvador. María aceptó lo que Dios le pedía y Jesús nació en un pobre establo de Belén.

Dios Padre cumplió la promesa que había hecho a su Pueblo enviando al mundo a su propio Hijo.

Actividades

1) El ángel le dijo a María que su prima Isabel esperaba un hijo. Lee las letras, siguiendo el camino, y descubre qué quería mostrarle.

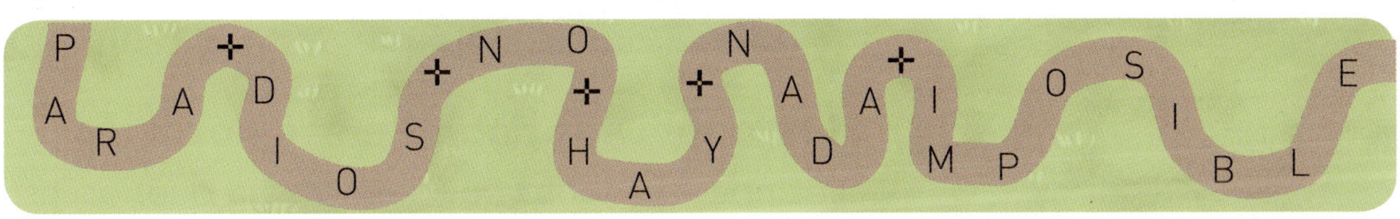

2) Sustituye los números romanos por la letra correspondiente y descubrirás qué quería elaborar César Augusto.

V=E X=R L=S

CVLAX AUGULTO QUVXÍA VLABOXAX UN CVNLO.

3) ¿Por qué María y José tuvieron que empadronarse en Belén y no en otra ciudad?

4) Lee las siguientes palabras y escribe cómo era san José.

obediente | egoísta | humilde | paciente | envidioso | fiel

El Hijo de Dios se hace hombre

María dice «sí» a Dios

Dios había preparado al Pueblo de Israel para la llegada del Mesías. Eligió a María, una muchacha de Nazaret, para ser la Madre de su Hijo. La quiso santa desde el principio y María fue concebida sin pecado original, libre de todo pecado. Por eso decimos que es llena de gracia e Inmaculada.

María aprendió de la Biblia a confiar siempre en Dios, como Abrahán y Moisés. Deseaba que llegara pronto el Mesías y se lo pedía a Dios cuando rezaba. Un día, el Señor envió al ángel Gabriel y le pidió ser la Madre del Salvador. María dijo «sí» y el Hijo de Dios se hizo hombre (Lc 1,26-38).

Gracias al «sí» de María se cumplió la promesa de Dios y Jesús se hizo hombre para salvarnos.

El Verbo de Dios se hizo carne y habitó entre nosotros.

El Hijo de Dios habitó entre nosotros

Dios nos ama tanto que siempre ha querido estar con nosotros. Estuvo en medio de su Pueblo en el Tabernáculo mientras caminaba por el desierto y, más tarde, en el Templo de Jerusalén.

Después hizo algo todavía más grande: envió a su Hijo para que viviera entre nosotros. Este es un gran misterio que llamamos la Encarnación: el Hijo de Dios, sin dejar de ser Dios, se hizo hombre, igual en todo a nosotros, excepto en el pecado.

Ahora Jesús está dentro de cada uno de nosotros y sobre todo en el sagrario de las iglesias.

El nombre de Jesús

En la Biblia, el nombre de una persona indica la misión que Dios le ha confiado. El nombre de Jesús significa «Dios salva». El Hijo de Dios recibió este nombre porque tenía la misión de salvarnos de nuestros pecados (Mt 1,21).

También le llamamos Enmanuel, que significa «Dios con nosotros» (Mt 1,22-23; Is 7,14).

¿Quién es Jesucristo?

Jesucristo es el Hijo de Dios hecho hombre, que nació de la Virgen María por obra y gracia del Espíritu Santo. Es verdadero Dios y verdadero hombre.

Catecismo *Jesús es el Señor*, n. 24

Actividades

5) Completa con las letras que faltan y escribe la respuesta de María.

H● AQ●● L● E●C●A●A D●● S●Ñ●R,
●ÁG●S● E● M● ●E●Ú● T● P●L●B●A.

6) Realiza una lectura dramatizada de la Anunciación. Puedes buscarla en el Evangelio de san Lucas 1,26-38.

7) Fíjate en las letras rojas y sustituye cada una por la que va después en el abecedario, descubrirás cómo se llama el misterio del Hijo de Dios hecho hombre.

D M B A Q M A B H Ñ M

8) Lee los nombres que recibe el Hijo de Dios y escribe qué significado tienen.

Jesús Salvador Enmanuel

En Navidad nos reunimos en familia en torno al belén. La Navidad es una fiesta llena de alegría que compartimos con los demás. El belén nos ayuda a contemplar el misterio del nacimiento de Jesús.

1) Dialogamos.

- ¿Cómo recordamos el nacimiento de Jesús?
- ¿Qué cosas podemos hacer en familia para compartir la alegría de la Navidad?

2) Copia y completa el crucigrama.

1. Lugar humilde en el que nace Jesús.
2. Anuncia el nacimiento de Jesús.
3. Regalan a Jesús oro, incienso y mirra.
4. Fueron los primeros en ir a adorar a Jesús.
5. Nace en un establo.
6. Envuelve al Niño en pañales.
7. Cuida de Jesús y de María.
8. Señala el camino para llegar hasta Jesús.

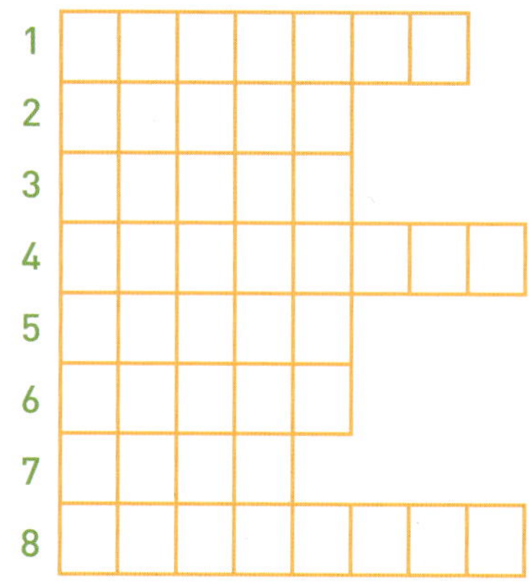

3) ¿En qué lugares se instalan belenes en tu ciudad? Señala los que vas a visitar.

parroquias | plazas | casas | comercios

4) Averigua cómo se llama la Misa que se celebra la noche de Navidad. Escribe la inicial de cada dibujo.

En equipo

Elegimos un lugar adecuado en la clase y ponemos un belén. Distribuimos por grupos las tareas para realizarlo: traer o hacer las figuras, pintar un paisaje y el cielo como fondo, confeccionar las casas, trazar los caminos, colocar la vegetación...

Contemplamos una obra de arte

La huida a Egipto, Julius Schnorr von Carolsfeld, Museo Kunstpalast de Düsseldorf (Alemania).

Este cuadro es de un pintor alemán. Lo pintó en 1828 y representa la huida a Egipto de la Sagrada Familia, después de que un ángel advirtiera a José que el rey Herodes quería matar al Niño Jesús. El ángel que guía al burro representa la protección de Dios a la Sagrada Familia.

5) Copia y completa.

La Sagrada Familia huyó de ____ y fue a ____.

6) ¿Quién está en el centro del cuadro? ¿Qué está haciendo?

7) ¿De qué está pendiente cada uno de los personajes que aparecen en el cuadro? Escribe sus nombres y di hacia dónde dirigen su mirada.

8) ¿Están preocupados María y el Niño? ¿Quiénes les protegen?

9) ¿Piensas que fue un viaje cómodo? Imagina qué dificultades pudieron encontrar y escríbelas.

La infancia y la vida oculta de Jesús

Cuando murió Herodes, la Sagrada Familia abandonó Egipto y regresó a Nazaret. Allí vivió Jesús con María y José. María cuidaba el hogar, José trabajaba como carpintero en el taller y Jesús les ayudaba en todo. Los tres formaban la Sagrada Familia.

Jesús creció y aprendió en familia a orar y a trabajar. Obedecía a María y a José, pero siempre ponía en primer lugar la voluntad de su Padre Dios. En una ocasión se quedó en el Templo de Jerusalén sin que lo supieran María y José y cuando le encontraron les dijo: «¿No sabíais que yo debía estar en las cosas de mi Padre?» (Lc 2,49).

Durante sus años de vida oculta Jesús vivió como uno más, en todo semejante a nosotros, menos en el pecado.

Responde

1) ¿Quiénes forman la Sagrada Familia? Averigua cuándo se celebra la fiesta de la Sagrada Familia.

2) Cuando Jesús vivía en Nazaret, ¿la gente sabía que Jesús era el Salvador prometido? ¿Por qué?

3) Copia y completa la frase con las palabras del recuadro.

gracia	hombres	sabiduría	estatura

Jesús iba creciendo en ____, en ____ y en ____ ante Dios y ante los ____ (Lc 2,52).

1) Copia y completa con las palabras que faltan.

Hijo — Salvación — habita — Espíritu — «sí» — Jesús

Dios Padre → cumple su promesa de ___.

Dios Padre → escoge a → la Virgen María

la Virgen María → dice ___ → al ángel Gabriel.

la Virgen María → concibe al ___ de Dios → por obra y gracia del ___ Santo.

concibe al ___ de Dios → ___ nace en Belén → y ___ entre nosotros.

2) Señala el significado correcto.

Llamamos Inmaculada a María porque...

A. en Ella no hay pecado. B. es Madre de Dios. C. es la más perfecta de las criaturas.

3) Observa estas viñetas y ordénalas cronológicamente. Explica cómo vive Dios entre nosotros.

A

B

C

D

4) Comenta por qué Jesús, María y José fueron a estos lugares.

Belén — Egipto — Nazaret

5) Relaciona cada nombre con su significado y escribe una frase con las palabras del que no has señalado.

- Jesús •
- Emmanuel •

- • Dios con nosotros
- • Dios y hombre
- • Dios salva

Recuerda

- Dios Padre cumplió la promesa que había hecho a su Pueblo enviando al mundo a su propio Hijo.
- Gracias al «sí» de María se cumplió la promesa de Dios y Jesús se hizo hombre para salvarnos.
- El Verbo de Dios se hizo carne y habitó entre nosotros.

5 El Bautismo de Jesús

Un día llegó Jesús desde Nazaret de Galilea al río Jordán para que Juan le bautizara. Pero Juan, que sabía quién era Jesús, le dijo: «Soy yo el que necesito que Tú me bautices, ¿y Tú acudes a mí?». Jesús le respondió que debían cumplir los planes de Dios. Apenas se bautizó, vio abrirse los cielos y al Espíritu Santo que bajaba hacia Él como una paloma. Se oyó la voz de Dios Padre que decía: «Tú eres mi Hijo amado, en ti me complazco» (Mt 3,13-17 y Mc 1,2-11).

Excursión a la cascada

Hace unos días fuimos de excursión a una cascada. Anduvimos junto al río un largo rato. Nos acompañaba una monitora del Centro de Interpretación, donde te explican cosas del sitio que estás visitando. A veces atravesábamos por un puente de madera y pasábamos al otro lado del río.

—Ahora es muy fácil atravesar los ríos pero antiguamente, cuando no había puentes, era muy difícil —explicó la monitora—. Por eso muchas veces los ríos servían para separar un país de otro.

A los dos lados del río crecían árboles y matorrales, y había mucha hierba. En cambio, si te alejabas del río todo era mucho más seco y con pocas plantas.

—El agua es necesaria para la vida —nos contó la monitora—. Por eso, donde hay agua crece la vegetación y se llena de animales. El agua también nos quita la sed. Donde no hay agua, no hay vida, sin ella nos moriríamos. Es muy importante cuidarla para que esté limpia y no desperdiciarla.

A mitad de camino nos paramos a comer cerca de una poza muy profunda. Se me había derretido el chocolate que llevaba y me ensucié las manos. La monitora me dijo que cogiera agua del río con un vaso y que me lavara bien, para no ensuciarme la ropa. Me avisó que no me acercara a la poza.

—El agua también puede ser peligrosa —nos advirtió a todos—. Si alguien se cayera en esa poza, se podría ahogar... Y si lloviera mucho y el río se desbordara, inundaría los campos y los pueblos que hay por aquí.

Por fin llegamos a la cascada. ¡Era impresionante! El agua caía desde unos peñascos muy altos y, mientras bajaba golpeando las rocas, se abría como la cola de un caballo. Caía con mucha fuerza y se levantaba una nube de agua pulverizada que nos mojaba a todos. En algunos sitios donde daba la luz del sol se veía un pequeño arcoíris.

Dialogamos

- ¿Qué utilidades tiene el agua?
- ¿Puede haber vida sin agua? ¿Por qué?
- Comentad entre todos cómo es el paisaje a las orillas del río y buscad algunas diferencias con otros lugares donde no hay agua.
- ¿Cómo podemos cruzar a la otra ribera del río?
- ¿Cuál es el sacramento necesario para pasar del pecado a la Vida? ¿Qué elemento es imprescindible para recibirlo?

Juan bautiza a Jesús en el río Jordán

Cuando Jesús tenía unos treinta años inició su vida pública para cumplir la misión que Dios Padre le había encomendado. Fue al encuentro de Juan y le pidió que le bautizara (Mc 1,2-11).

Juan el Bautista empezó a predicar en el desierto de Judea, llamando a la conversión. Vestía piel de camello y se alimentaba de saltamontes y miel silvestre.

Mucha gente de Jerusalén y de los alrededores acudía a Juan para cambiar de vida. Se arrepentían de sus pecados y entonces Juan les bautizaba en el río Jordán.

Juan anunciaba la llegada del Mesías, diciendo: «Viene el que es más fuerte que yo, a quien no merezco desatarle la correa de sus sandalias».

Jesús llegó desde Nazaret de Galilea para que Juan le bautizara. Juan quiso evitarlo, pero Jesús le respondió que era necesario hacerlo para cumplir el plan de Dios.

Apenas se bautizó Jesús, se abrieron los cielos y Juan vio que el Espíritu Santo bajaba como una paloma y se posaba sobre Él. Y vino una voz del Cielo que decía llena de gozo: «Tú eres mi Hijo amado, en ti me complazco».

Juan preparaba la venida del Mesías llamando a la conversión de los pecados y bautizaba en el río Jordán a los que se arrepentían. Jesús fue desde Nazaret hasta el Jordán y, aunque no era pecador, pidió a Juan que le bautizara. Jesús comenzó su vida pública poniéndose entre los pecadores y recibiendo el Bautismo.

La vida pública de Jesús comenzó con su Bautismo en el río Jordán.

Actividades

1) Contesta.

- ¿Cómo preparaba Juan la venida del Salvador?
- ¿Qué le pidió Jesús a Juan? ¿Por qué Juan quiso evitarlo? ¿Qué respondió Jesús?
- ¿En qué momento comienza Jesús su vida pública?

2) Copia y completa estas palabras, obtendrás con las letras que faltan el nombre del río en el que se bautizó Jesús.

_ UAN
C _ NVERSIÓN
P _ EDICAR
PECA _ OS
JUDE _
JERUSALÉ _

3) Ordena estas palabras y averigua por qué Jesús se quiso bautizar.

lugar · el · Jesús · ocupar · los · pecadores. · quiso · de

El Padre envía a Jesús a cumplir su misión

Jesús se pone entre los pecadores

Jesús pidió a Juan que le bautizara. Juan no quería porque sabía que Jesús no tenía pecado. Pero Jesús insistió, porque había venido al mundo para ponerse entre los pecadores. Así obedecía a la voluntad de Dios Padre, que era redimirnos del pecado y hacernos hijos suyos (Mt 3,13-15).

El plan de Dios se cumplió con la Pasión, Muerte y Resurrección de Jesús.

Jesús no tenía pecado, pero quiso bautizarse para cumplir el encargo de su Padre, que era salvar a los hombres.

Jesús es el Mesías, el Hijo de Dios Padre

En su Bautismo, Jesús fue ungido por el Espíritu Santo y Dios Padre dio a conocer que era su Hijo amado.

Juan dio testimonio de que Jesús es el Hijo de Dios. Vio al Espíritu Santo bajar sobre Él y escuchó la voz de Dios Padre.

En el Bautismo de Jesús están presentes las tres personas de la Santísima Trinidad: Padre, Hijo y Espíritu Santo. Jesús fue ungido por el Espíritu Santo para cumplir su misión y Dios Padre proclamó que era su Hijo amado.

A Jesús le llamamos Mesías y Cristo, que quiere decir «ungido»: la unción de Jesús nos da a conocer que está lleno de Espíritu Santo (Jn 1,32-34).

Jesús anuncia la Buena Noticia

Después de ser bautizado, Jesús se marchó al desierto de Judea, donde pasó cuarenta días y cuarenta noches. Allí se preparó, con la oración y el ayuno, para la misión que estaba a punto de comenzar, y venció las tentaciones de Satanás (Mt 4,1-11).

Cuando volvió del desierto, Jesús fue a Galilea para proclamar el Evangelio, diciendo:

> «Se ha cumplido el tiempo y está cerca el Reino de Dios. Convertíos y creed en el Evangelio» (Mc 1,15).

Su fama se extendió por toda la región. Recorría las ciudades y las aldeas, enseñaba en las sinagogas y curaba a los enfermos. Todos quedaban maravillados (Lc 4,14-15).

Después de pasar cuarenta días en el desierto, Jesús empezó a anunciar la Buena Noticia de la Salvación.

La sinagoga es el lugar en el que los judíos se reúnen para rezar y escuchar la Palabra de Dios.

¿Qué hizo Jesús durante su vida pública?

Durante su vida pública, Jesús anunció e hizo presente la Buena Noticia de la Salvación: el Reino de Dios ya ha llegado a nosotros.

Catecismo *Jesús es el Señor,* n. 30

Actividades

4) Piensa y contesta: ¿para qué quiso Jesús ponerse entre los pecadores?

5) Relaciona cada persona de la Santísima Trinidad con el modo en el que se manifiesta en el Bautismo de Jesús.

1. Padre 2. Hijo 3. Espíritu Santo | A. Paloma B. Voz C. Jesús

6) Escribe y colorea los nombres que significan «ungido».

Maestro Jesús Mesías Cristo

7) Averigua cómo cambió la vida de Jesús después de su Bautismo y explícalo.

El amor de Dios es tan grande que quiere hacernos hijos suyos a imagen de su Hijo, Jesús. Por el Bautismo nosotros también somos hijos de Dios y estamos llamados a vivir como Jesús.

1) Cuando vivimos como hijos de Dios nos parecemos a Jesús:

- ✔ Confiamos en Dios porque es nuestro Padre.
- ✔ Somos misericordiosos con todos.
- ✔ Perdonamos a los demás.
- ✔ Amamos a todos, incluso a nuestros enemigos.

- Piensa en cada una de las acciones anteriores y pon algún ejemplo.

2) Contesta.

- ¿Quién nos enseña mejor a amar a Dios como Padre?
- ¿En qué oración llamamos Padre a Dios? ¿Quién nos la enseñó?

3) Copia y completa las frases con las palabras del recuadro.

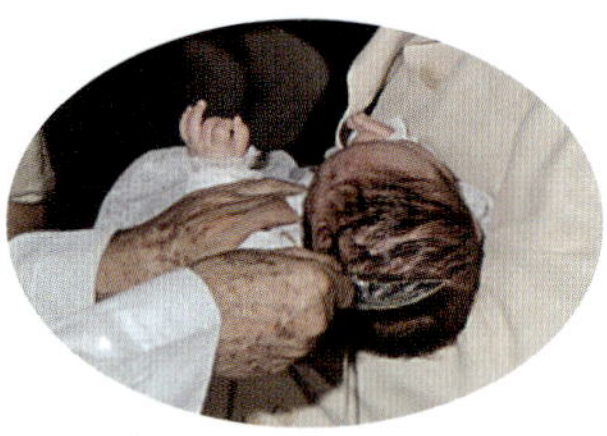

Bautismo	hermanos	Padre	Dios	Jesús

Por el ___ somos hijos de ___ y hermanos de ___.

Dios es nuestro ___ y todos los hombres somos ___.

4) Escribe las acciones que muestran un comportamiento semejante al de Jesús y comenta qué tienen en común.

- Hablar mal de los compañeros de clase.
- Hacer chistes sobre los defectos de los demás.
- Perdonar siempre.
- Tratar de ser el primero en todo sin preocuparme de los demás.
- Prestar las cosas a hermanos y amigos.
- Hacer caso a los que están solos en los recreos.

En equipo **Pensamos en grupo cómo actúan los hijos de Dios. Dibujamos las acciones que nos parezcan más importantes y elaboramos un mural.**

Contemplamos una obra de arte

El Bautismo de Cristo (1567), Juan Fernández Navarrete «El Mudo», Museo del Prado (Madrid).

El Bautismo de Jesús ha sido representado muchas veces a lo largo de la historia del arte. Este cuadro lo pintó Juan Fernández Navarrete en el siglo XVI y se encuentra en el Museo del Prado de Madrid.

5) Observa el cuadro y contesta.

- ¿Cuáles son las personas más importantes que aparecen en el cuadro?
- ¿Qué hace Juan el Bautista? ¿Cómo va vestido?
- ¿Cómo tiene Jesús colocadas las manos? ¿Qué actitud representa?
- ¿Qué sostiene el ángel que está detrás de Jesús?

6) Escribe qué hace en el Bautismo de Jesús cada una de las personas de la Santísima Trinidad.

Jesús es el Cordero de Dios

Poco después del Bautismo de Jesús, Juan el Bautista estaba con dos de sus discípulos, Andrés y Juan. Entonces vio pasar a Jesús y les dijo: «Este es el Cordero de Dios, que quita el pecado del mundo». Y los dos discípulos le siguieron (Jn 1,29.35-37).

> Jesús es el Cordero de Dios que quita el pecado del mundo.

Jesús es el verdadero Cordero pascual. Así como la sangre del cordero salvó a los israelitas la noche de Pascua, la sangre de Jesús en la Cruz nos salva a todos de la esclavitud del pecado (Pe 1,18-21).

Responde

1) Observa las ilustraciones. Sustituye cada letra negra por la que va después en el abecedario y descubrirás lo que dijo sobre Jesús Juan el Bautista y lo que dice ahora el sacerdote durante la Santa Misa.

DRTD DR DL BÑRCDQÑ CD CHÑS
PTD PTHSA DK ODBACÑ CDK LTNCÑ

- Averigua en qué momento de la Misa pronuncia el sacerdote estas palabras.

2) Observa la imagen y completa las frases con las palabras del recuadro.

Resurrección Cruz sacrificio

El cordero con la aureola representa el ______ de Jesús en la ______.

El estandarte representa la victoria de la ______.

1) Copia y completa con las palabras que faltan.

Hijo Padre Espíritu Juan Jordán paloma

Bautismo de Jesús:

___ le bautiza	El ___ Santo desciende sobre Él	Dios ___ dice que es
en el río ___.	en forma de ___.	su ___ amado.

2) Escribe la respuesta correcta.

Jesús quiso estar entre los pecadores porque...

A. era Dios y hombre. B. tenía la misión de salvarnos. C. no estaba bautizado.

3) Ordena cronológicamente los siguientes acontecimientos.

- Vive en Nazaret.
- Realiza milagros.
- Trabaja en el taller.
- Anuncia el Reino de Dios.

Antes del Bautismo ↓	Después del Bautismo ↓

4) Enumera los signos que aparecen en el Bautismo de Jesús.

5) Copia y resuelve el crucigrama.

1. Fue bautizado en el Jordán.
2. Bautizó a Jesús.
3. Dios Padre lo reconoce como su...
4. Forma con la que desciende el Espíritu Santo.
5. Nombre de la vida nueva que comienza Jesús.
6. Lugar donde se retira Jesús para prepararse.

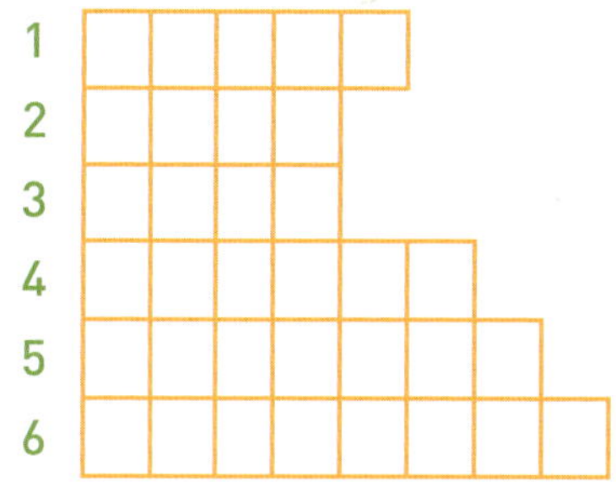

Recuerda

- La vida pública de Jesús comenzó con su Bautismo en el río Jordán.
- Jesús no tenía pecado, pero quiso bautizarse para cumplir el encargo de su Padre, que era salvar a los hombres.
- En su Bautismo, Jesús fue ungido por el Espíritu Santo y Dios Padre dio a conocer que era su Hijo amado.
- Después de pasar cuarenta días en el desierto, Jesús empezó a anunciar la Buena Noticia de la Salvación.

6 La misión de Jesús es hacernos felices

Jesús y sus discípulos estaban invitados a una boda en Caná de Galilea, y la Madre de Jesús también estaba allí. Faltó el vino y María se lo dijo a Jesús. Después se dirigió a los sirvientes: «Haced lo que Él os diga». Jesús les ordenó llenar las tinajas de agua y las llenaron hasta arriba. El mayordomo probó el agua convertida en vino sin saber de dónde venía y pensó que el novio había reservado el mejor vino para el final. Este fue el primer milagro de Jesús; así manifestó su gloria y sus discípulos creyeron en Él (Jn 2,1-11).

La historia del bote de leche

Un día volvíamos de una excursión con el colegio y dos chicos se enfadaron por un refresco: «¡Es mío!», gritaba uno. «¡Es mío!», gritaba el otro. El profesor tuvo que separarlos para que no se pegaran. Más tarde, el profesor nos reunió en clase. No estaba enfadado, pero parecía triste. Nos miró a todos uno a uno y dijo:

—Os voy a contar una historia verdadera que escuché una vez a la persona que lo vio.

«Eran tiempos de hambre y pobreza. Mi amigo vio salir de una casa a un par de chiquillos, sucios y mal vestidos. El pequeño, que tendría no más de cinco años, danzaba dando palmadas alrededor del mayor, de unos diez, que llevaba entre las manos un bote de riquísima leche.

—¡Siéntate! —dijo el mayor al pequeño—. ¡Primero beberé yo y después lo harás tú!

Llevó el bote a la boca y, haciendo como que bebía, cerró fuertemente los labios, para que no entrara en su boca ni una gota de leche blanca y le tocara más al chiquitín. Después, alargando el bote, decía a su hermano:

—Ahora te toca a ti. ¡Solo un poco!

Y el hermanito pequeño dio un sorbo... ¡Qué sorbo!

—¡Ahora me toca otra vez a mí! —Y repitió la escena. Llevó el bote a la boca, que mantenía cerrada.

—¡Ahora te toca a ti!... ¡Ahora me toca a mí!... ¡Ahora a ti!... ¡Ahora a mí!...

Y con tres, cuatro, cinco, seis sorbos, el más pequeño terminó el bote. ¿Creéis que el mayor puso cara de héroe? ¡Qué va! Hizo del bote una bola y se puso a jugar al fútbol con su hermano y otros chicos que encontraron en la calle.»

—¿Veis? —concluyó el profe—. Esto se llama compañerismo. El egoísmo no es nada bueno, lleva a enfados y peleas. Si aprendéis a olvidaros de vosotros mismos para hacer la vida un poquitín más feliz a los demás, seréis todavía más felices, porque, como dijo Jesús: «Hay más alegría en dar que en recibir».

Texto adaptado de Jesús Urteaga, *Compañerismo*, Ed. Palabra.

Dialogamos

- ¿Por qué discutían los chicos en la excursión?
- ¿Qué les contó el profesor?
- ¿Qué hizo el hermano mayor por el pequeño? ¿Por qué lo hizo?
- ¿Qué consecuencias tiene el egoísmo? ¿Y la generosidad?

La multiplicación de los panes y los peces

Jesús se había retirado con los apóstoles a un lugar despoblado cerca de Cafarnaún, junto al lago de Genesaret, pero la gente se enteró y fue en su busca (Jn 6,1-15).

Una multitud siguió a Jesús. Él los acogió, les habló de su Padre Dios y del Reino de los Cielos, y curó a los que estaban enfermos.

Cuando se hizo tarde, los discípulos le dijeron a Jesús que despidiera a la gente para que fuesen a las aldeas a comprar algo de comer. Jesús les respondió: «Dadles vosotros de comer».

Ellos contestaron que no tenían comida, ni dinero para comprarla y dar de comer a tanta gente. Entonces, un muchacho ofreció cinco panes y dos peces. Jesús mandó que la gente se sentara en grupos y así lo hicieron.

Jesús tomó los cinco panes y los dos peces y, alzando la mirada al cielo, los bendijo, los partió y los dio a los discípulos para que los repartieran entre la gente.

Los panes y los peces no se agotaron y todos comieron. Jesús dijo a sus discípulos que recogieran los trozos que habían sobrado. Con las sobras, llenaron doce cestos.

Jesús manifestó con sus milagros que es el Hijo de Dios y que con Él llegaba el Reino de los Cielos. El milagro de la multiplicación de los panes y de los peces nos muestra la generosidad y el amor de Dios, y nos enseña a compartir. El milagro también anuncia el Pan de la Eucaristía: el Cuerpo mismo de Jesús.

Los milagros manifiestan que con Jesús ha llegado el Reino de Dios.

Actividades

1) Observa las viñetas y contesta.

- ¿Qué necesitaba la gente? ¿De qué modos podían solucionarlo?
- ¿Qué hizo Jesús para satisfacer esa necesidad? ¿Por qué lo hizo?
- Piensa por qué ordenó Jesús a sus discípulos que recogieran los trozos que habían sobrado.

2) ¿Qué gestos y acciones hizo Jesús al tomar los panes? Si ordenas los resultados de estas operaciones, de mayor a menor, y los sustituyes por las sílabas correspondientes, descubrirás en qué otro momento volvió a realizarlos.

9+7x4= ● =ma   9x9= ● =la   6x4:2= ● =na

6x7-9= ● =Ce   93-18= ● =Úl   9x10= ● =En   8x6+2= ● =ti

Jesús pasó haciendo el bien

Jesús anuncia el Reino de Dios

El Reino de Dios es un mundo feliz en el que Dios está con nosotros. Comienza con Jesús en la tierra y alcanzará su perfección en el Cielo.

Jesús anunciaba el Reino de Dios con obras y palabras. Sus milagros nos dan a conocer que el Reino de Dios está presente en Él, que es el Mesías.

La misión de Jesús es hacer felices a los hombres con sus obras y palabras.

Sana a los enfermos

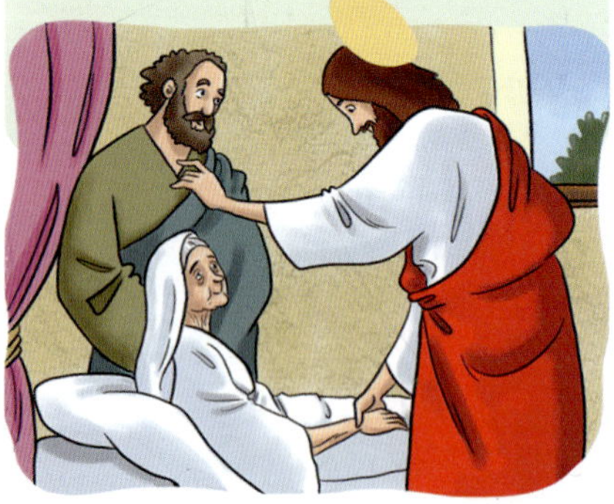

Devuelve la vista a los ciegos

Abre los oídos a los sordos

Hace hablar a los mudos

Resucita a los muertos

Expulsa demonios

Viendo lo que Jesús hacía, la gente se preguntaba: «¿Quién es este hombre?». Los milagros de Jesús muestran que es el Hijo de Dios enviado por el Padre para salvarnos. También manifiestan el poder y la bondad de Dios. La gente se alegraba y daba gloria a Dios por las cosas buenas que hacía Jesús.

¿Por qué la gente se admiraba al ver lo que hacía y decía Jesús?

La gente se admiraba porque Jesús pasó por la vida haciendo el bien con obras y palabras. Así mostraba que Dios quiere salvar a los hombres.

Catecismo *Jesús es el Señor*, n. 33

Jesús ama a los pecadores

Jesús anunció que Dios Padre nos ama como hijos, nos perdona y nos salva.

Jesús se compadeció, acogió y perdonó a los pecadores: al paralítico de Cafarnaún, a la mujer pecadora, al buen ladrón… Jesús convivía con los pecadores, comía con ellos, les trataba con misericordia y amor, y les ofrecía el perdón de Dios. El encuentro con Jesús les llevaba a arrepentirse de sus pecados y a cambiar de vida. Su conversión les llenaba de alegría.

La conversión es la puerta para entrar en el Reino de Dios.

La mujer pecadora unge los pies de Jesús, vidriera de la Catedral de San Vito, Praga (R. Checa).

> Dios llama a todos los hombres a la conversión para entrar en su Reino.

Actividades

3) Observa las viñetas de la página anterior y contesta.

- ¿Cómo actúa Jesús para hacer felices a estas personas? ¿Qué gestos hace para curarlos?
- ¿Qué muestran estos milagros de Jesús?

4) Observa la vidriera de la mujer pecadora y describe qué está haciendo. Escribe las consecuencias de su encuentro con Jesús.

5) Piensa y contesta.

- ¿Cómo se comporta Jesús con los pecadores?
- ¿Qué manifiesta la actitud de Jesús?
- ¿Qué hemos de hacer nosotros para entrar en el Reino de los Cielos?

6) Si sustituyes los números por la letra que le corresponde, descubrirás un sentimiento de las personas que se convierten a Dios.

1 = A   3 = I   2 = D   4 = F

4EL3C3212

Nuestra misión es, como la de Jesús, hacer felices a los demás.

1) Los cristianos procuran que sus sentimientos, sus palabras y sus acciones sean como las de Jesús. Por eso:

- ✔ Intentan hacer siempre el bien.
- ✔ Piensan en los demás y les tratan con cariño.
- ✔ Respetan a los demás.
- ✔ Ayudan a los necesitados.
- ✔ Son generosos con sus bienes.
- ✔ Se compadecen de los que sufren.
- ✔ Perdonan a todos y hacen las paces enseguida.

- Dialogamos sobre cómo podemos llevar a cabo cada una de las acciones anteriores.

2) Una de las obras de misericordia espirituales es «consolar al triste». Observa estas fotografías e inventa un texto narrando lo que sucede en cada una.

3) ¿Qué emociones sientes cuando ayudas a un compañero que lo necesita? ¡Alguna de estas palabras te ayudarán a expresar tus sentimientos!

comprensión · amor · felicidad · afecto · confianza · amistad

En equipo

Representamos algún milagro en el que Jesús hace felices a los demás.

Contemplamos una obra de arte

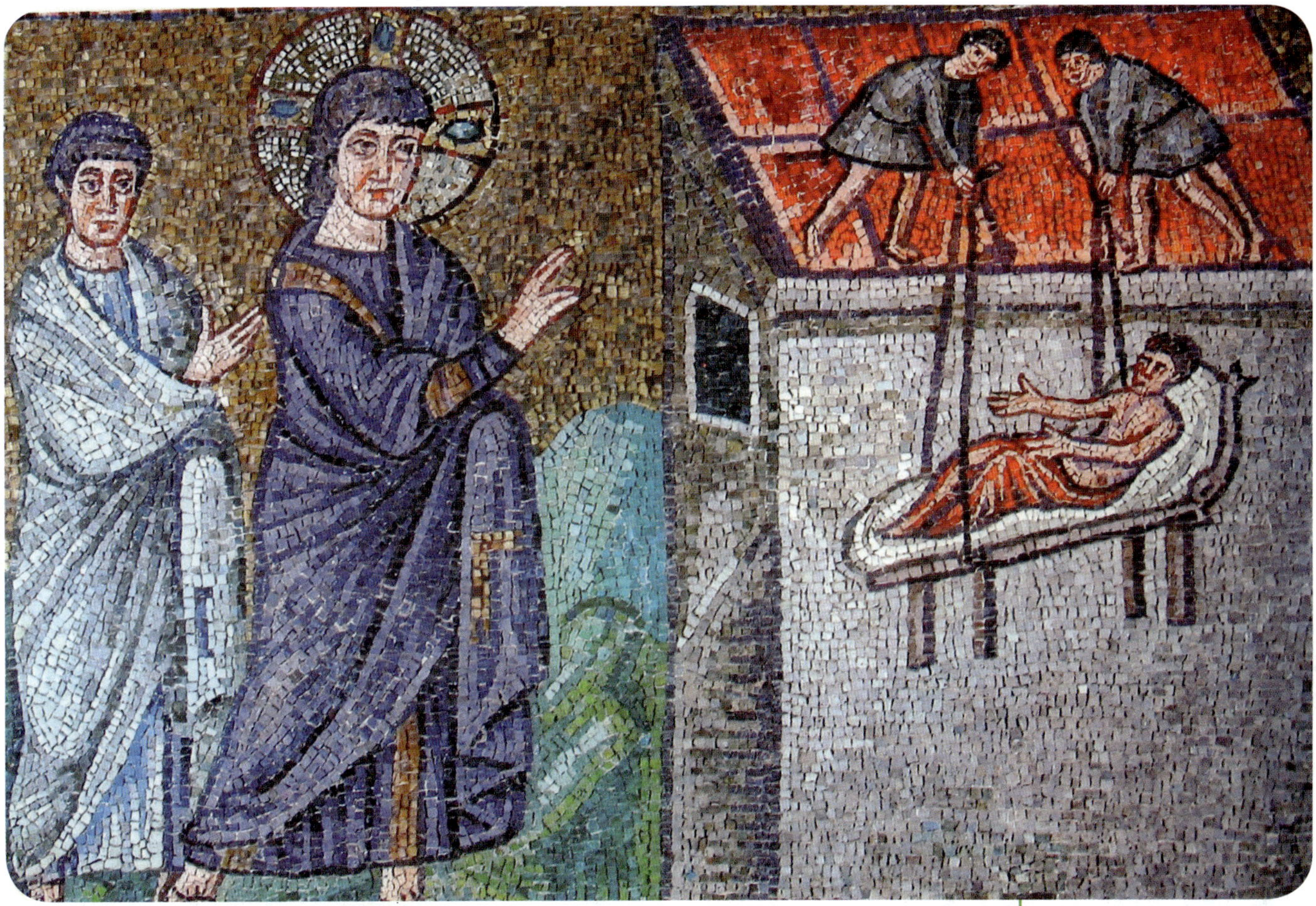

Curación del paralítico de Cafarnaún (s. VI), anónimo.

Este mosaico se encuentra en una de las paredes de la Basílica de San Apolinar el Nuevo, en la ciudad italiana de Rávena. Representa el milagro de la curación del paralítico en Cafarnaún. Está confeccionado con teselas (pequeñas piezas de diferentes tonalidades de color). Jesús aparece en él como Hijo de Dios, con poder para hacer milagros y perdonar los pecados.

4) Fíjate en el mosaico, señala a Jesús y explica cómo está representado para diferenciarlo de los demás personajes del cuadro.

5) Un verdadero amigo está siempre dispuesto a ayudar. ¿Cómo ayudan sus amigos al paralítico para que pueda encontrarse con Jesús? Y tú, ¿cómo ayudas a tus amigos?

6) Fíjate en los dedos de la mano de Jesús y señala las acciones que está realizando.

perdonar | saludar | curar | despedirse | bendecir

Jesús nos ofrece el perdón de Dios

Dios Padre siempre está dispuesto a perdonarnos. Cuando decimos «no» al amor de Dios y desobedecemos sus mandamientos, cometemos un pecado. Si el pecado es grave, nos apartamos de Dios y perdemos la felicidad, pero no nos desanimamos porque Dios Padre siempre nos perdona y recuperamos su amistad.

Jesús nos ofrece el perdón de Dios Padre en el sacramento de la Reconciliación.

Hoy, Jesús sale a nuestro encuentro para darnos el perdón de Dios Padre en el sacramento de la Reconciliación. Por este sacramento, la Iglesia, en nombre de Jesús, perdona nuestros pecados cometidos después del Bautismo y nos reconcilia con Dios y con los demás.

El sacramento de la Reconciliación es el sacramento de la alegría: hay alegría en el Cielo y se alegra también el que se ha confesado.

Responde

1) **Lee estas palabras de Jesús y explica por qué el sacramento de la Reconciliación produce alegría en el Cielo.**

> «Os digo que habrá más alegría en el cielo por un pecador que se arrepiente que por noventa y nueve justos que no necesitan penitencia.»
>
> Lc 15,7

2) **¿Qué sucede en nosotros cuando recibimos el sacramento de la Penitencia?**

3) **Completa con vocales estas palabras y aparecerán otros nombres que tiene el sacramento de la Reconciliación.**

P _ N _ T _ NC _ A	C _ NF _ S _ _ N	C _ NV _ RS _ _ N

1) **Copia y completa con las palabras que faltan.**

palabras felices obras Reino

La misión de Jesús → es → traer el ___ de Dios → haciendo ___ a los hombres → con ___ y con ___.

2) **Describe los siguientes dibujos. Explica cómo Jesús hace felices a todas estas personas.**

3) **¿Con quién nos ha llegado el Reino de Dios? Copia y resuelve el crucigrama, en la columna morada aparecerá su nombre.**

1. Jesús lo es de Dios.
2. Jesús vino a salvarles.
3. Nos ayudan a creer en Jesús.
4. Pan que nos da la vida eterna.
5. Jesús les presta especial atención.

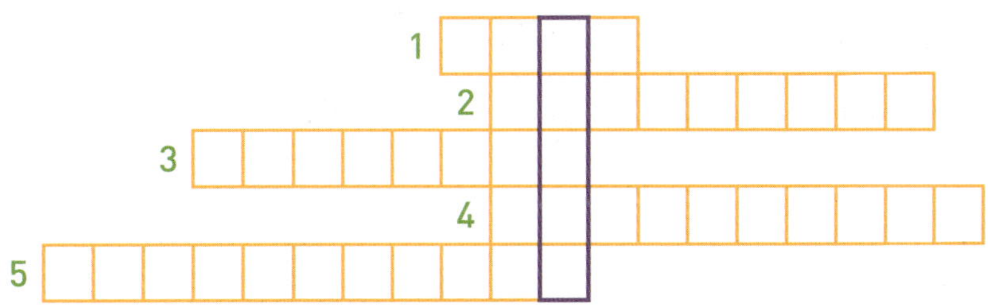

4) **¿Cómo muestra una persona que se ha convertido a Dios? Copia solo las respuestas verdaderas.**

A. Con una nueva forma de vivir.
B. Pidiendo perdón a Dios.
C. Con gestos y milagros.
D. Poniendo en práctica los consejos del Evangelio.

Recuerda

- Los milagros manifiestan que con Jesús ha llegado el Reino de Dios.
- La misión de Jesús es hacer felices a los hombres con sus obras y palabras.
- Dios llama a todos los hombres a la conversión para entrar en su Reino.

7 Jesús nos llama a seguirle

Los primeros discípulos a los que Jesús llamó fueron Simón, llamado Pedro, y su hermano Andrés, que estaban echando las redes para pescar. Jesús les dijo: «Venid en pos de mí y os haré pescadores de hombres». Después se encontró con otros dos hermanos, Santiago y Juan, que remendaban las redes en su barca, y también los invitó a seguirle (Mc 1,16-20).

Se buscan jefes

—¡Yo!, ¡yo!, ¡yo!

—¡A ver, calma!, que esto no es un concurso para ver quién es el más guay.

Íbamos a hacer equipos de trabajo y *tooodo* el mundo quería ser jefe. Yo también estaba en medio del barullo levantando la mano y gritando: «¡Yo!, ¡yo!, ¡yo!»...

—No habéis entendido —añadió la profesora—. Ser jefe de equipo no es para tener privilegios y que los demás le admiren. Es todo lo contrario. A ver, Ramón, ¿tú qué crees que tiene que hacer el jefe?

—No sé... —respondió Ramón—. Supongo que mandar a los demás, decirles lo que tienen que hacer y luego reunirse con los otros jefes para hablar con la profesora...

—Bueno, algo de eso es verdad —comentó la profesora—. Pero no es lo más importante. ¿Quién sabe qué es lo más importante?

—Yo ya he sido jefe de equipo —dijo Elena—. Hay que pensar el trabajo de cada uno, estar atenta a los problemas de los demás e intentar arreglarlos.

—Por ahí vamos mejor... —indicó la profesora—. ¿Alguien más sabe explicarlo?

—Ser jefe es servir a los demás y ayudarles a mejorar —intervino Lucía—. Bueno, eso creo...

—Pues crees muy bien, porque es así. Ser jefe significa servir. ¿Y qué significa servir? Servir exige dominio de sí para evitar el egoísmo o las ganas de figurar, saber escuchar y en todo momento buscar el bien de los demás. Por eso el jefe es a quien menos se le tiene que notar en un equipo. Su mayor preocupación es hacer sobresalir a los demás sacando de ellos lo mejor. ¿Qué te parece, Luis?

Luis se distrae con facilidad y no se había enterado. Tiene problemas en casa porque su mamá está enferma, y a veces se despista en clase. La profesora le miró con cariño.

—¿Quién se lo puede explicar?

—Yo —se ofreció Joaquín.

—Muy bien, Joaquín. Lucía y Joaquín, seréis jefes de equipo. A ver a quién más podemos nombrar...

Dialogamos

- ¿Qué pensaba Ramón sobre las tareas de un jefe de equipo? ¿Y Elena?
- ¿Qué contestó Lucía cuando le preguntaron a ella?
- ¿Qué significa servir?
- Pon ejemplos de cómo podemos servir a los demás.

Jesús llama a Zaqueo

Zaqueo era un hombre rico, pero no era feliz porque solo pensaba en sí mismo. Un día Jesús le llamó para ser su amigo. Cuando Zaqueo le conoció, cambió su vida y encontró la felicidad (Lc 19,1-10).

Zaqueo era un hombre rico que vivía en Jericó y cobraba impuestos para los romanos. A veces abusaba de su poder, era injusto y robaba.

Cuando Jesús llegó a Jericó, Zaqueo quería verle, pero no podía porque había mucha gente y era pequeño de estatura.

Entonces Zaqueo se subió a una higuera para poder verle, porque Jesús tenía que pasar por allí.

Jesús, al llegar a aquel sitio, levantó los ojos y le dijo a Zaqueo que bajara, porque quería hospedarse en su casa.

Zaqueo, muy contento, recibió a Jesús en su casa. Algunos murmuraban, porque sabían que Zaqueo era un pecador.

Pero Zaqueo, de pie, le dijo a Jesús que daría la mitad de sus bienes a los pobres y devolvería el cuádruple de lo que no era suyo. Jesús se alegró mucho viendo la conversión de Zaqueo.

Las personas que se encuentran con Jesús y reciben su llamada se dan cuenta de que deben cambiar su vida para vivir como Él. Zaqueo comprendió que para seguir a Jesús debía ser justo y amar a todos.

El encuentro con Jesús nos lleva a cambiar de vida y a ser felices haciendo el bien.

Actividades

1) ¿Dónde vivía Zaqueo? Elige la respuesta correcta.

Caná — Jericó — Betsaida

2) ¿Dónde se subió Zaqueo para ver a Jesús? Dibújalo y escribe el diálogo que imaginas tuvo con Jesús.

3) Clasifica las palabras que están en el árbol según el cuadro. ¿Cómo era Zaqueo antes de conocer a Jesús? ¿Y después?

Antes de conocer a Jesús ↓	Después de conocer a Jesús ↓

4) ¿Cómo muestra Zaqueo que ha cambiado de vida y sigue las enseñanzas de Jesús?

5) ¿Qué aprendemos con el relato de Zaqueo?

6) Dramatizamos la historia de Zaqueo.

El seguimiento de Jesús

Jesús llama a sus discípulos

Jesús llamó a sus discípulos para ser sus testigos. A los primeros los escogió en Cafarnaún, a orillas del lago de Genesaret.

Más adelante fue llamando a los demás discípulos, como Cleofás, María Magdalena, Zaqueo, José de Arimatea o los hermanos Marta, María y Lázaro.

Jesús eligió a algunos para que le acompañaran dejándolo todo. A otros les pidió que se quedaran en sus casas, hablando de Jesús a los demás y contando lo que Dios había hecho por ellos.

María, la Madre de Jesús, fue la primera de sus discípulos, y también Madre y modelo de todos ellos.

Jesús nombra apóstoles a los Doce

Un día Jesús subió al monte y pasó la noche orando a Dios Padre. Cuando se hizo de día, escogió a doce de sus discípulos para ser columnas de la Iglesia, y los nombró apóstoles. Más tarde, puso a Simón Pedro como cabeza de todos ellos.

Jesús quiso que los doce apóstoles participaran de su misión y los envió a anunciar el Evangelio. La palabra «apóstol» significa «enviado». Jesús eligió a doce recordando las doce tribus de Israel, porque ellos serían el origen del nuevo Pueblo de Dios, que es la Iglesia.

Los apóstoles se fiaron de Jesús y lo dejaron todo para seguirle.

> Jesús eligió a los doce apóstoles para ser columnas de la Iglesia y predicar el Evangelio por todo el mundo.

Jesús llama a todos a seguirle

Jesús llama a todos a seguirle: mujeres y hombres, niños y jóvenes, adultos y ancianos, sanos y enfermos, ricos y pobres. También llama a los pecadores.

Jesús da siempre el primer paso: Él es quien llama. Después espera que respondamos libremente a su llamada, acogiendo sus enseñanzas e imitando su vida. Cada uno responde según el amor que tiene a Jesús. A veces hay personas que no quieren escuchar la llamada de Jesús y no le siguen.

Jesús llama a todos a seguirle. Seguir a Jesús es responder a su llamada, amando a Dios y a los demás como Él nos enseñó.

¿Cómo seguir a Jesús?

Seguimos a Jesús cumpliendo la voluntad de Dios, manifestada en los Diez Mandamientos, tal y como los vivió y nos los enseñó Jesús y nos ha transmitido la Iglesia.

Catecismo *Jesús es el Señor*, n. 74

Actividades

7) Ordena la frase y explica su significado.

testigos. | sus | Los | Jesús | de | discípulos | son

- Escribe el nombre de tres testigos de Jesús.

8) ¿Quiénes son las columnas de la Iglesia? Escribe sus nombres.

9) Todos podemos ser amigos de Jesús y seguirle. Escribe cómo pueden seguir estas personas a Jesús.

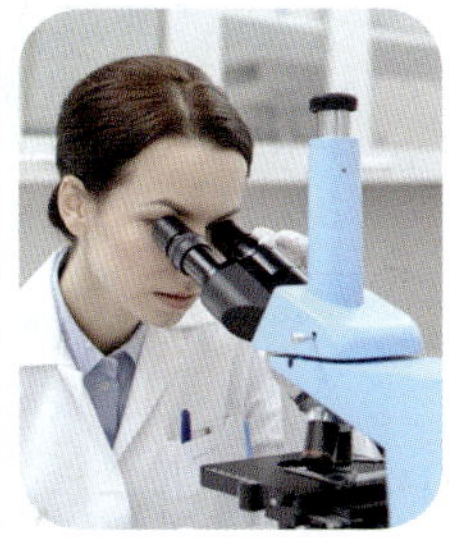

Jesús nos ha elegido para ser sus amigos y nosotros respondemos a su llamada amando a Dios y a los demás.

1) Lee el comienzo de la canción *Pescador de hombres*.

Tú has venido a la orilla,
no has buscado
ni a sabios ni a ricos.
Tan solo quieres que yo te siga.

Señor, me has mirado a los ojos,
sonriendo, has dicho mi nombre.
En la arena, he dejado mi barca,
junto a ti, buscaré otro mar.

Cesáreo Gabarín

- Relaciona la canción con el texto de la primera página de esta unidad.
- Dialogamos sobre el mensaje que nos transmite.

2) Lee y reflexiona.

Carlos es nuevo en el colegio y está solo en el recreo. Jaime le ve, pero como lo está pasando muy bien jugando al fútbol con sus amigos, no le hace caso. Luis también está jugando, pero piensa en lo triste que debe sentirse Carlos, deja de jugar al fútbol y va a hablar con él.

- ¿Quién piensas que responde mejor a la llamada de Jesús? ¿Por qué?

3) Escribe en qué acciones sigues la llamada de Jesús y en cuáles no.

Hago los deberes al llegar a casa

Dejo la ropa desordenada

Hablo mal de un compañero

Peleo con mis hermanos

Comparto mis cosas

Juego con un niño que está solo

Escucho con atención en clase

En equipo

Buscamos, por grupos, información sobre alguno de los apóstoles y la exponemos en clase.

Nombre del apóstol ↓	Datos sobre su vida ↓	Día que celebramos su fiesta ↓

Amigos de Dios

Nombre: San Andrés.

Vida: Andrés y su hermano Simón vivían en Cafarnaún. Eran pescadores y trabajaban con Zebedeo y sus hijos, Santiago y Juan.

Andrés y Juan fueron discípulos de Juan el Bautista. Conocieron a Jesús a orillas del río Jordán. Un día, el Bautista vio pasar a Jesús y les dijo: «Este es el Cordero de Dios». Entonces se fueron con Jesús y se quedaron con Él aquella tarde. Después, Andrés se encontró con su hermano Simón y lo llevó también a Jesús.

De vuelta a Cafarnaún, el Señor llamó a Andrés a ser su discípulo cuando estaba echando las redes para la pesca con su hermano. Más tarde lo escogió como uno de los doce apóstoles.

Después de Pentecostés, Andrés anunció el Evangelio en diversas regiones del mundo. Según una antigua tradición, murió mártir, crucificado en una cruz en forma de aspa. Las cruces de ese tipo se llaman ahora «cruz de san Andrés».

Fiesta: 30 de noviembre. San Andrés es patrono de Rusia y de Escocia.

4) ¿De quién era hermano Andrés? Escribe la respuesta correcta.

Juan   Simón   Mateo

- Ordena las letras y descubre el nombre que Jesús puso a Simón.

O D P R E

5) Copia las letras y sustituye cada una de las rojas por la que va después en el abecedario, descubrirás qué significa el nombre de Andrés.

G Ñ L A Q D   U A K H D M S D

6) Señala en qué tipo de cruz murió san Andrés.

Las mujeres que siguieron a Jesús

Entre los discípulos que seguían a Jesús, había muchas mujeres. La mayoría de ellas le acompañaron desde Galilea (Lc 8,1-3).

Las mujeres fueron más valientes que los demás discípulos en la Pasión de Jesús. Casi todos los discípulos huyeron, pero ellas le acompañaron y le siguieron hasta el Calvario. Al pie de la Cruz de Jesús estaban su Madre María, María de Cleofás y María Magdalena (Jn 19,25).

Muchas mujeres siguieron a Jesús, le acompañaron en su Pasión y fueron testigos de su Resurrección.

La mañana del domingo, María Magdalena, María la madre de Santiago, Salomé y otras mujeres fueron al sepulcro donde habían enterrado a Jesús para embalsamar su cuerpo. Vieron el sepulcro vacío y recibieron el anuncio de la Resurrección de Jesús. Más tarde, Jesús se apareció a María Magdalena y ella fue corriendo donde estaban los discípulos para anunciarles que había visto a Jesús resucitado. Por eso se le llama «Apóstol de los apóstoles» (Mc 16,1-8 y Jn 20,11-18).

Icono que representa a las mujeres que fueron al sepulcro para embalsamar el cuerpo de Jesús. En la parte superior está también representada la Virgen María.

Responde

1) **Escribe el nombre de algunas mujeres que siguieron a Jesús y explica qué hicieron.**

2) **Explica por qué se le llama a María Magdalena «Apóstol de los apóstoles».**

1) **Copia y completa con las palabras que faltan.**

testigos columnas seguirle apóstoles

Jesús llama		
a sus discípulos	a los doce ___	a todos
para ser sus ___.	para ser las ___ de la Iglesia.	para ___ e imitar su vida.

2) **Une cada palabra con su significado.**

A. Apóstol B. Discípulo C. Vocación

1. Llamada 2. Enviado 3. Seguidor

- ¿Cuál de las palabras anteriores se refiere a la llamada que Jesús hace a las personas?

3) **¿Cuáles de estas personas son apóstoles de Jesús? Escribe sus nombres.**

Juan Zaqueo Andrés Mateo Simón Lázaro

4) **Escribe el nombre de tres discípulos de Jesús que no sean apóstoles.**

5) **Copia y completa la frase.**

Jesús eligió ___ apóstoles recordando las doce ___ de Israel.

6) **¿Cuál es la misión de los apóstoles? Escribe las respuestas correctas.**

- Pescar peces
- Anunciar el Evangelio
- Enseñar a la gente cómo nos ama Jesús

7) **Ordena y contesta: ¿cómo responden las personas a la llamada de Jesús?**

según el amor | responde a la llamada | Cada persona | que tiene a Jesús.

Recuerda

- El encuentro con Jesús nos lleva a cambiar de vida y a ser felices haciendo el bien.
- Jesús eligió a los doce apóstoles para ser columnas de la Iglesia y predicar el Evangelio por todo el mundo.
- Jesús llama a todos a seguirle. Seguir a Jesús es responder a su llamada, amando a Dios y a los demás como Él nos enseñó.

8 La Iglesia continúa la misión de Jesús

Jesús iba por las calles de Cafarnaún y le seguía mucha gente que le apretujaba. Había una mujer que llevaba muchos años enferma y había gastado en médicos todo su dinero, pero no mejoraba. Oyó hablar de Jesús y consiguió acercarse a Él por detrás pensando: «Con solo tocarle el manto curaré». Entonces le tocó el borde del manto y al momento quedó curada. Jesús se volvió y preguntó: «¿Quién me ha tocado el manto?». La mujer se acercó asustada y temblorosa, se le echó a los pies y contó toda la verdad. Jesús le dijo: «Hija, tu fe te ha salvado» (Mc 5,21-34).

Una visita inesperada

El domingo tuvimos una sorpresa, porque vino a la catequesis un sacerdote que vive en un país muy lejano, para contarnos el trabajo que hace allí.

—Hay montañas muy altas donde vive gente en pequeños poblados —nos explicó—. Los senderos son muy estrechos, a veces con grandes precipicios, y tenemos que ir con mucha cautela a lomos de mulas. Cuando llegamos a un poblado, todos se llenan de alegría y organizan una gran fiesta. Lo primero que hacemos es descargar libros para la escuela y medicinas para el dispensario. Luego organizamos la celebración del sacramento de la Penitencia. A veces pasamos hasta cinco horas confesando sin parar, porque viene mucha gente de aldeas vecinas para participar en la Eucaristía.

—¿Y no se cansan?

—¡Terminamos agotados, pero nunca estamos tan contentos como entonces! Ese mismo día bautizamos a todos los niños que nacieron desde nuestra última estancia. Y también hay novios que aprovechan para casarse. ¡Por eso hay tanta fiesta! Pero sobre todo hay fiesta porque celebramos el sacramento de la Eucaristía.

—¿Y hay primeras comuniones?

—¡Claro! En cada pueblo suele haber catequistas que dan catequesis a los que lo piden, y quienes están preparados reciben la Primera Comunión. También visitamos a los enfermos y en el cementerio rezamos por todos los difuntos.

—¿Y están todos bautizados?

—En esa región, casi todos. Pero hay algunos lugares del país donde la gente aún no ha oído hablar de Jesús y del Evangelio. Allí van algunos grupos de misioneros para darles a conocer a Jesús con sus palabras y su cariño.

—¿Y no van chicas?

—¡Por supuesto! Hay muchas más misioneras que misioneros. Bueno, no os olvidéis de rezar por todos nosotros, y de ayudarnos con vuestro dinero y vuestros alimentos.

Dialogamos

- ¿Dónde vive el sacerdote que fue a la catequesis? ¿Cómo es aquel lugar?
- ¿Por qué todos están alegres y hay fiesta?
- ¿Cuál es el trabajo de los misioneros?
- Piensa y explica algunos ejemplos de cómo puedes tú dar a conocer a Jesús en el sitio donde vives.

El Espíritu Santo da vida a la Iglesia

El día de Pentecostés, Dios Padre envió al Espíritu Santo sobre los apóstoles, como había prometido Jesús (Hch 2,1-11).

Los apóstoles estaban reunidos en oración. De repente, un ruido como de un viento fuerte llenó la casa y unas lenguas como de fuego se posaron sobre sus cabezas. Todos quedaron llenos de Espíritu Santo.

La gente que estaba en Jerusalén para celebrar la fiesta se acercó para ver qué pasaba. Muchos venían de otros países y oían hablar a los apóstoles en su propia lengua.

Entonces Pedro anunció a todos que Jesús, a quien habían matado clavándolo en una cruz, había resucitado y era el Mesías anunciado por los profetas.

Muchos creyeron en la Buena Noticia y ese día recibieron el Bautismo unas tres mil personas. Así empezó a desarrollarse la Iglesia.

Los primeros cristianos se reunían para orar y celebrar la fracción del pan, que era como llamaban entonces al sacramento de la Eucaristía.

Los cristianos compartían sus bienes, especialmente con los más necesitados. Los que no eran cristianos quedaban admirados viendo cómo se querían y servían a los demás.

El Espíritu Santo nos ayuda a vivir como cristianos. Cuando recibimos al Espíritu Santo, comprendemos mejor las palabras de Jesús y tenemos deseos de seguirle, amando a los demás como Jesús ama a todos.

El Espíritu Santo nos hace vivir en la Iglesia como hijos de Dios y discípulos de Jesús.

¿Qué hace el Espíritu Santo en nosotros?

El Espíritu Santo nos ayuda a comprender lo que Jesús dijo, nos da fuerza para seguirlo, continuar su obra y confiar en Dios Padre.

Catecismo *Jesús es el Señor*, n. 40

Actividades

1) Ordena las sílabas de las casillas que llevan el símbolo del Espíritu Santo y descubrirás el nombre de la fiesta que se celebraba en Jerusalén.

COS | PLA | TE | PEN | SOL | TÉS

2) ¿Qué signos se produjeron cuando vino el Espíritu Santo sobre los apóstoles?

3) Copia las frases y escribe a continuación Sí o No para indicar lo que ocurrió cuando vino el Espíritu Santo.

A. Se cumplió la promesa de Jesús.

B. Los apóstoles anunciaron que Jesús había resucitado.

C. Todos se llenaron de miedo.

D. La gente escuchaba a los apóstoles en su propia lengua.

Jesús está presente en la Iglesia

La Iglesia anuncia la Palabra de Dios

Jesús fundó la Iglesia y le dio la misión de ir por todo el mundo contando cuánto nos quiere Dios. Por eso decimos que la Iglesia es misionera.

Todos los cristianos tenemos la tarea de dar a conocer a Jesús con nuestras palabras y dando buen ejemplo con nuestras obras.

En la Iglesia llamamos misioneros a aquellos cristianos que dedican su vida entera a dar a conocer a Jesús, sobre todo en los lugares donde todavía no han oído hablar de Él.

La Iglesia anuncia el Evangelio de Jesús a todas las personas.

La Iglesia está al servicio de los demás

La Iglesia lleva el amor de Dios a los demás.

El encargo de Jesús a su Iglesia es amar a Dios y a los demás haciendo el bien por todo el mundo, especialmente a los más necesitados. La Iglesia, siguiendo el ejemplo de Jesús, cuida a los niños y ancianos, atiende a los enfermos y ayuda a los pobres y abandonados.

Los cristianos nos esforzamos por servir y querer a todos en nuestra vida diaria, comenzando por los más cercanos: la familia, los amigos, los compañeros. En eso se reconoce que somos discípulos de Jesús.

¿Jesús está presente hoy entre nosotros?

Jesús está presente hoy entre nosotros cuando la Iglesia ora, proclama la Palabra de Dios y celebra los Sacramentos, particularmente la Eucaristía. También está presente en todos los hombres, sobre todo en los más pobres y los que sufren.

Catecismo *Jesús es el Señor*, n. 51

La Iglesia celebra los Sacramentos

Jesús curaba a los enfermos con sus milagros por medio de gestos pequeños: imponía las manos, tocaba sus oídos, ponía barro en sus ojos... La mujer enferma del Evangelio se curó tocando el manto de Jesús. Ahora, Jesús nos cura a través de los Sacramentos.

Los Sacramentos son siete: Bautismo, Confirmación, Eucaristía, Penitencia, Unción de enfermos, Orden y Matrimonio.

Jesús y la Iglesia nos acompañan con los Sacramentos en momentos importantes de nuestra vida. Bautismo, Confirmación y Eucaristía son los Sacramentos que nos inician en la vida cristiana.

Jesús viene a nosotros en los Sacramentos que celebra la Iglesia.

Actividades

4) Ordena las sílabas de estas palabras y descubrirás algunos modos en los que Jesús está hoy presente entre nosotros.

MEN CRA RA O LA BRES

TOS SA CIÓN BRA PA HOM

5) Copia las frases y escribe en cada una el nombre del sacramento.

1. Bautismo	A. Santifica la unión del hombre y de la mujer.
2. Confirmación	B. Consagra ministros de la Iglesia.
3. Eucaristía	C. Nos fortalece y ayuda en la enfermedad.
4. Penitencia	D. Nos hace hijos de Dios a imagen de Jesús
5. Unción de enfermos	E. Hace presente el Cuerpo y la Sangre de Jesús.
6. Orden	F. Confirma y refuerza la gracia bautismal.
7. Matrimonio	G. Perdona nuestros pecados.

Los cristianos —niños, jóvenes y adultos— continuamos la misión de Jesús, que es llevar el amor de Dios a todos los hombres, viviendo como Jesús nos enseñó.

1) **¿Qué misión ha encomendado Jesús a todos los cristianos?**

2) **Jesús vivió amando a todos. Escribe algunas muestras de amor que puedes tener con personas cercanas para seguir su ejemplo.**

3) **Observa el siguiente cuadro, elige una de las acciones de la Iglesia y escribe un relato breve sobre ella.**

Acción de la Iglesia	¿Qué puedes hacer tú?
Anuncia la Palabra de Dios.	Hablo de Jesús a mis amigos.
Realiza obras de caridad.	Doy un juguete que me gusta a un niño necesitado.
Celebra los Sacramentos.	Participo en los Sacramentos.

4) **Lee, piensa y contesta.**

Los abuelos de Lucía le han regalado dinero por su cumpleaños. Está muy contenta y quiere comprar unos patines que le gustan mucho. Justo ese mismo día ha ido a su colegio un misionero a pedir ayuda. Trabaja en un poblado de África que ha sufrido una inundación y necesita alimentos. Lucía duda y no sabe qué hacer con el dinero de su cumpleaños. ¡Lleva meses soñando con esos patines! Pero ahora se da cuenta de que muchos niños pasan hambre y ella puede ayudarles.

- ¿Si fueras Lucía, qué harías?

En equipo

Confeccionamos un cartel para una campaña que anime a preocuparse de los demás. Elegimos uno de estos lemas y hacemos un dibujo.

- Mejor es dar que recibir.
- Amar es compartir con los demás.
- Ayúdanos a sembrar felicidad.
- Cuanto más das más tienes.

Contemplamos una obra de arte

Nuestra Señora de la Evangelización (siglo XVI), obra de Roque de Balduque. La imagen se encuentra en la Capilla de la Concepción, Catedral de Lima (Perú).

La Virgen María fue la primera en creer en el Evangelio de Jesús y le acompañó durante su vida pública. Desde sus inicios, acompaña también a la Iglesia, que anuncia el Evangelio por todo el mundo.

La imagen de Nuestra Señora de la Evangelización está en la Catedral de Lima (Perú). Es una talla de madera policromada, es decir, pintada con varios colores. Esta imagen es una de las primeras que se llevaron a América. Lleva en la mano la Rosa de Oro que le regaló el papa san Juan Pablo II.

5) ¿Con qué nombre se conoce esta imagen de la Virgen?

6) ¿A quiénes piensas que dirigen su mirada Jesús y María? ¿Qué indica la expresión de sus rostros? Descríbela utilizando alguna de estas palabras.

serenidad · paz · amor · confianza · ternura · ánimo

7) ¿Qué sujeta Jesús en su mano izquierda? Copia y completa la frase con vocales y descubrirás qué significado tiene.

J●S●S ●S ●L S●LV●D●R D●L M●ND●.

La Iglesia ayuda a los más necesitados

Como Jesús, la Iglesia ama especialmente a los más necesitados y trata de mejorar sus condiciones de vida. En todos los rincones del mundo funda hospitales, escuelas, residencias, lugares de oración. Unos están dirigidos por sacerdotes o religiosos, otros por voluntarios laicos: médicos, maestros, catequistas. También hay familias enteras que dejan sus países y van a otros lugares para dar testimonio de Jesús.

Todos podemos colaborar en esta tarea de la Iglesia con nuestra ayuda y oración.

La Iglesia atiende y cuida a las personas que sufren.

Cáritas es una organización de la Iglesia que se ocupa de atender a los más pobres entre los seres humanos. Trabaja en parroquias y diócesis de todo el mundo. Ayuda a más de 24 millones de personas al año.

Responde

1) **Observa la fotografía y explica qué trabajo están realizando estos voluntarios de Cáritas. Después, piensa de qué manera puedes tú ayudar a las personas con menos recursos.**

2) **¿Quiénes son los preferidos de Jesús? ¿Cómo los atiende la Iglesia?**

3) **Copia y completa con vocales las palabras que indican la ayuda que presta la Iglesia a través de los misioneros.**

● L ● M ● NT ● S　　M ● D ● C ● N ● S

● NS ● Ñ ● NZ ●　　C ● T ● Q ● ● S ● S

1) **Copia y completa con las palabras que faltan.**

demás   Sacramentos   amor   Palabra   Jesús

La Iglesia

continúa

la misión de ___:

anuncia → la ___ de Dios.

lleva a los ___ → el ___ de Dios.

celebra → los ___.

2) **Escribe en orden los siguientes sucesos.**

A. Todos oyen a los apóstoles en su propia lengua.

B. Viene el Espíritu Santo.

C. Reciben el Bautismo unas tres mil personas.

D. Los apóstoles empiezan a predicar.

3) **¿Cómo continúan los cristianos la misión de Jesús? Señala las respuestas correctas.**

A. Predicando   B. Dando buen ejemplo   C. Ayudando a los demás

4) **Escribe las respuestas y busca las palabras en esta sopa de letras.**

1. Jesús está presente en ella.
2. Significa Buena Noticia.
3. Continúan la misión de Jesús.
4. Principal virtud cristiana.
5. La Iglesia acude en su ayuda.
6. Son encuentros con Jesús.

A	M	I	R	T	S	A	G	E	S	T	A	F	D	C
S	T	G	A	E	V	A	N	G	E	L	I	O	O	A
A	U	L	L	A	M	E	R	I	T	O	N	B	E	R
R	N	E	C	E	S	I	T	A	D	O	S	A	C	I
I	A	S	A	O	A	M	E	O	M	P	A	R	O	D
N	M	I	S	I	O	N	E	R	O	S	E	I	U	A
R	S	A	C	R	A	M	E	N	T	O	S	P	E	D

Recuerda

- El Espíritu Santo nos hace vivir en la Iglesia como hijos de Dios y discípulos de Jesús.
- La Iglesia anuncia el Evangelio de Jesús a todas las personas.
- La Iglesia lleva el amor de Dios a los demás.
- Jesús viene a nosotros en los Sacramentos que celebra la Iglesia.

9 Los cristianos rezamos como Jesús nos enseñó

En Betania vivían tres hermanos amigos de Jesús: Marta, María y Lázaro. Cuando Jesús pasaba por allí, iba a visitarlos. En una ocasión, María estaba sentada a los pies del Señor escuchando su palabra. Marta, en cambio, andaba muy agitada arreglando la casa y preparando la comida. Entonces, se acercó a Jesús y le dijo: «Señor, ¿no te importa que mi hermana me haya dejado sola para servir? Dile que me eche una mano». Jesús le respondió: «Marta, Marta, andas inquieta y preocupada con muchas cosas; solo una es necesaria. María, pues, ha escogido la parte mejor, y no le será quitada» (Lc 10,38-42).

Un incidente futbolístico

Luis me había pasado el balón y yo iba corriendo hacia la portería contraria. ¡El gol era seguro! Y, cuando ya iba a chutar, llegó uno del equipo contrario y me pegó una patada que me hizo caer por los suelos. No fue sin querer, ¡quería que me cayera y no pudiera chutar! Me enfadé tanto que tuvo que venir el profesor a separarnos. Me llevaron a la enfermería y al otro le expulsaron del partido. No tenía nada importante, pero me pasé todo el día de mal humor.

Por la tarde vino el profesor con el otro chico, que me quería pedir perdón. Yo seguía tan enfadado que me fui y me senté en una esquina del patio con la cabeza metida entre los brazos. El profesor vino detrás pero yo no quería oírle:

—No seas tozudo, Diego —me dijo—: no te quiere pedir perdón porque yo le haya obligado. Está arrepentido de verdad.

—¡No pienso volver a ser amigo suyo! —grité.

—¡Pero, bueno, Diego! ¡No te reconozco! —replicó el profesor—. ¿De dónde has sacado ese mal carácter? ¿Es que tú no te equivocas nunca? ¿No tienes que pedir nunca perdón? ¿No te acuerdas de lo que le hiciste a Marcos?

Seguía enfurruñado, pero me acordé muy bien de aquello. En otro partido, fui yo el que le metió una zancadilla a Marcos. Más tarde, un poco avergonzado, le pedí perdón. Marcos no le dio importancia: «¡Son cosas que le pasan a cualquiera!», dijo sonriendo. Y nos dimos un abrazo.

—¡Cuántas veces tenemos que pedir perdón nosotros! —siguió diciendo el profesor—. ¿No vas a perdonar tú a los demás? Si no nos perdonáramos nunca, estaríamos todo el día de mal humor, enrabietados unos contra otros...

Tenía razón, pero me costaba reconocerlo. ¡Me sentía humillado perdonando! Pero también es cierto que perdonando se olvidan los rencores, se recupera la amistad y vuelves a ser feliz. Dentro del corazón, sin que nadie lo notara, le pedí a Jesús que me ayudara a vencer la resistencia. Y entonces me puse de pie y me fui con el profesor a buscar al otro chico.

Dialogamos

- ¿Por qué estaba tan enfadado Diego?
- ¿Qué le decía el profesor a Diego para que perdonase al que le había ofendido?
- ¿Cuáles son las diferencias que hay entre la actitud de Marcos y la de Diego?
- ¿Qué ocurriría si no existiera el perdón? ¿Por qué crees que es bueno perdonar?
- ¿Qué hizo Diego para perdonar a su amigo? ¿Cómo crees que se sintió?

Jesús nos enseña el Padrenuestro

Jesús estaba siempre unido a Dios Padre y hablaba con Él en todo momento. Sus discípulos querían aprender a orar con la misma confianza que Jesús. Por eso, Él les enseñó el Padrenuestro (Mt 6,9-13; Lc 11,1-4).

Los apóstoles veían que Jesús buscaba todos los días un lugar apartado para orar. Muchas veces rezaba de madrugada e incluso pasaba noches enteras en oración.

Un día, uno de sus discípulos se acercó a Jesús y le pidió que les enseñara a orar. Él les enseñó la oración del Padrenuestro.

En esa oración Jesús nos revela que Dios es nuestro Padre. Por eso le amamos y respetamos y nos dirigimos a Él con confianza de hijos.

Le pedimos a Dios el pan para nosotros y para los demás. También le pedimos que no nos falte el pan de su Palabra y de la Eucaristía.

Después reconocemos que somos pecadores y le pedimos perdón, sabiendo que nuestro Padre Dios nos perdonará si hemos perdonado a los que nos han ofendido.

Por último, le pedimos que nos ayude a elegir el bien y que nos libere del mal, para ser felices aquí en la tierra y gozar después para siempre de la felicidad del Cielo.

Con la oración del Padrenuestro, Jesús nos enseña que podemos hablar a Dios con confianza porque es nuestro Padre. También nos enseña que somos hermanos de todos los cristianos. Esta oración es la más perfecta de todas las oraciones.

El Padrenuestro es la oración que nos enseñó Jesús, resumen de todo el Evangelio.

¿Cómo oraba Jesús?

Jesús oraba con confianza pues Él conocía mejor que nadie a Dios, su Padre.

Catecismo *Jesús es el Señor*, n. 80

Actividades

1) **¿Cuándo oraba Jesús? ¿Por qué buscaba un lugar apartado?**

2) **Señala la respuesta correcta para completar la frase y cópiala.**

- Los discípulos de Jesús...
  - A. querían aprender a orar bien, como Jesús.
  - B. no sabían orar.
  - C. nunca habían rezado.

3) **Copia los números y escribe debajo de cada uno la sílaba correspondiente, sabrás por qué el Padrenuestro es un resumen del Evangelio.**

8 15 6 19 27 1 23 2 25 4 12

TIE = 15 ÑAN = 23 NE = 6 EN = 27 SÚS= 12 LAS = 19
DE = 25 CON = 8 JE = 4 SE = 1 ZAS = 2

Orar es hablar con Dios

Jesús nos pide que recemos a Dios con confianza

Jesús nos animó a orar muchas veces al día. También nos enseñó a tratar con confianza a Dios porque es nuestro Padre y nos quiere más que nadie en el mundo.

A Dios le podemos encontrar y hablar con Él en todas partes: en casa, en la calle, en el colegio, en el campo... Sobre todo rezamos en la iglesia, donde encontramos a Jesús presente en el sagrario.

Jesús nos dice que todo lo que pidamos al Padre lo hagamos en su nombre, porque Dios Padre siempre escucha a su Hijo:

> «En verdad, en verdad os digo: si pedís algo al Padre en mi nombre, os lo dará» (Jn 16,23).

La oración cristiana es el diálogo de los hijos de Dios con su Padre.

Cómo podemos orar

Podemos orar de diferentes maneras: en silencio, con nuestras propias palabras o recitando oraciones de la Iglesia. Al orar, es bueno fijarnos en lo que decimos y en lo que el Señor nos pide para, después, ponerlo en práctica.

Orar no es solo hablar. Es, ante todo, escuchar a Dios que nos habla en el corazón. Para darnos cuenta de lo que nos dice necesitamos guardar silencio y buscar un lugar recogido donde orar.

En la oración escuchamos a Dios y conocemos lo que quiere de nosotros.

¿Qué es orar?

Orar es hablar con Dios Padre, que siempre nos ama y nos escucha. Al orar respondemos a Dios como hijos suyos.

Catecismo *Jesús es el Señor,* n. 79

El Padrenuestro

Jesús nos enseñó cuál es la mejor forma de dirigirnos a Dios con la oración del Padrenuestro. Es la oración por la que nos reconocemos como miembros de la Iglesia. El Padrenuestro es un resumen del mensaje de Jesús:

- Somos hijos de un mismo Padre, Dios.
- Queremos que todo el mundo le conozca y le alabe.
- Le rogamos que en el mundo reine la justicia, el amor y la paz que vienen de Él.
- Deseamos que se cumpla su voluntad amorosa en todas partes.
- Le pedimos que nos ayude en nuestras necesidades.
- Le suplicamos que perdone nuestras ofensas y le prometemos que también nosotros perdonaremos a los demás.
- Le imploramos que nos ayude contra las tentaciones y nos libre siempre del mal.

Decimos «Padre nuestro» porque todos los miembros de la Iglesia somos hijos de un mismo Padre, hermanos entre nosotros.

Actividades

4) ¿Dónde podemos hacer oración? ¿En qué momentos conviene orar? ¿Cómo debemos orar?

5) Copia y completa las frases con las palabras del recuadro.

nuestro — demás — hermanos — mío — Padre — mí

- Jesús nos enseña a llamar a Dios Padre ____ y no Padre ____.
- El amor de Dios me ayuda a pensar en los ____ y a olvidarme de ____ mismo.
- Todos los cristianos somos ____, hijos del mismo ____.

6) Escribe algunas cosas de las que puedes hablar con Dios en la oración. Elige una de ellas e inventa una oración que exprese tu diálogo con Dios.

7) Durante la celebración de la Eucaristía rezamos juntos el Padrenuestro. Averigua:

- ¿Qué frase dice el sacerdote para invitarnos a rezar esta oración?
- ¿Qué hacemos en la Misa después de rezar el Padrenuestro?
- ¿Piensas que haber rezado el Padrenuestro nos ayuda a preparar esos momentos? ¿Por qué?

Hablamos con Dios y le escuchamos en la oración.
Dios también nos habla y nos escucha.

1) Vuelve a leer el relato de la visita de Jesús a Marta y María en su casa de Betania. Después, dialogamos.

- ¿Cómo crees que se sentía María cuando hablaba con Jesús? Elige las respuestas correctas.

tranquila nerviosa feliz con ganas de irse atenta

- Piensa cómo te sientes tú cuando rezas.

2) Inventa frases eligiendo palabras de cada grupo.

MODOS DE HACER ORACIÓN		
¿Con quién?	**¿Cómo?**	**¿Dónde?**
A solas En familia En la parroquia Con el grupo de catequesis	Con palabras Con cantos Con gestos Estando en silencio	Habitación Templo Contemplando la naturaleza Ante una imagen

3) Copia y completa las frases explicando para qué es bueno rezar en cada uno de estos momentos. Puedes ayudarte de las palabras del recuadro.

- pedir perdón - pedir ayuda
- bendecir los alimentos - alabar
- ofrecer - agradecer

- Al comenzar el día para ▭.
- Antes de realizar un trabajo para ▭.
- En las comidas para ▭.
- Por la noche para ▭.

En equipo

Elaboramos, por equipos, una lista con las oraciones que rezamos y exponemos ante el resto de la clase a quién dirigimos cada una y qué decimos.

Amigos de Dios

Nombre: Santo Domingo Savio.

Vida: Domingo nació en el Piamonte (norte de Italia) en 1842. A los siete años hizo la Primera Comunión. Ese día escribió estos propósitos:

1. Me confesaré muy a menudo y recibiré frecuentemente la Sagrada Comunión.
2. Quiero santificar los días de fiesta.
3. Mis amigos serán Jesús y María.
4. Prefiero morir antes que pecar.

Cuando tenía doce años, entró interno en un colegio que dirigía san Juan Bosco. Soñaba con ser santo, pero pensaba: «Tú no podrás». Un día le pidió a don Bosco: «Ayúdeme a hacerme santo». Don Bosco le dijo: «Esta es la fórmula: primero, alegría; segundo, tus deberes de estudio y de oración; tercero, hacer el bien a los demás. En eso está toda la santidad».

Cuando rezaba, hablaba con Jesús y María y les contaba lo que había ocurrido en su día, las aventuras que había vivido, sus deseos de ser santo.

En 1857, cuando aún tenía catorce años, se puso muy enfermo. Pidió recibir la Unción de enfermos. Poco antes de morir, abrió los ojos y con una sonrisa, dijo: «Estoy viendo cosas maravillosas».

Fiesta: 9 de marzo.

4) **¿A quiénes eligió Domingo como sus mejores amigos? ¿De qué hablaba en su oración? ¿Oraba con confianza?**

5) **Copia las palabras, escribe las letras que faltan y averiguarás el nombre de dos Sacramentos que recibió Domingo.**

E ● ● A ● I ● ● ● A   U ● C ● ● N D ● E ● ● ● R ● ● S

6) **Todos los cristianos estamos llamados por Dios a ser santos. Piensa si pueden servirte para lograrlo los consejos que le dio don Bosco a Domingo. Escribe cómo puedes llevarlos a la práctica.**

7) **Imagina qué podría estar viendo Domingo en el momento de su muerte y cuéntalo.**

Formas de oración

Hay diferentes formas de oración:

- **Adoración y alabanza:** adoramos a Dios y, llenos de alegría, le decimos lo bueno que es por las maravillas que ha hecho con nosotros.
- **Acción de gracias:** damos gracias a Dios por lo mucho que nos quiere, reconociendo que todo lo que tenemos es un don de Dios.
- **Petición de perdón:** pedimos a Dios perdón por nuestros pecados y también por los pecados de los demás.
- **Petición de ayuda:** pedimos a Dios por nuestras necesidades y por las de los demás. Dios ya sabe lo que necesitamos, pero quiere que le pidamos cosas con confianza e insistencia porque somos sus hijos.

En la oración adoramos y alabamos a Dios, le damos gracias, le pedimos perdón y ayuda en todo lo que necesitamos.

Responde

1) Copia y completa el texto de los bocadillos y relaciónalos con cada forma de orar.

A. Adoración B. Acción de gracias C. Petición de perdón D. Petición de ayuda

- Escribe el nombre de una oración de cada tipo y cómo comienza cada una de ellas.

2) Copia las letras y sustituye cada una de las rojas por la que va después en el abecedario, descubrirás qué celebración contiene todas las formas de orar.

D T B A Q H R S H A

1) Copia y completa con las palabras que faltan.

Padrenuestro veces hijos frecuencia confianza Dios

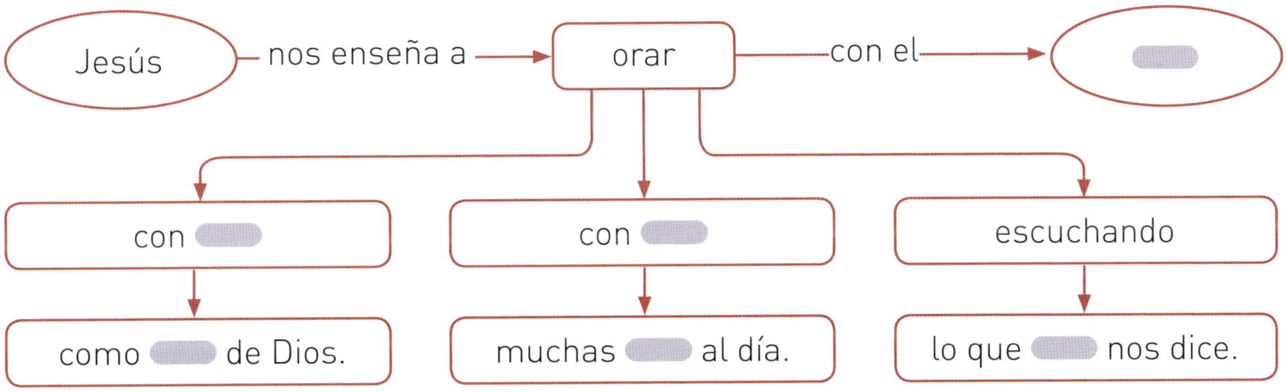

2) Ordena estas palabras y descubre el origen del Padrenuestro. Escríbelo.

orar. Jesús a pidió les Un enseñara que discípulo a

3) ¿De qué maneras podemos orar? Escríbelo.

4) Copia el crucigrama y escribe las respuestas. En la columna morada aparecerá el nombre de una acción que nos enseñó Jesús.

1. Sabe lo que necesitamos.
2. Parentesco entre los hombres.
3. Diálogo con Dios.
4. Oración que nos enseñó Jesús.

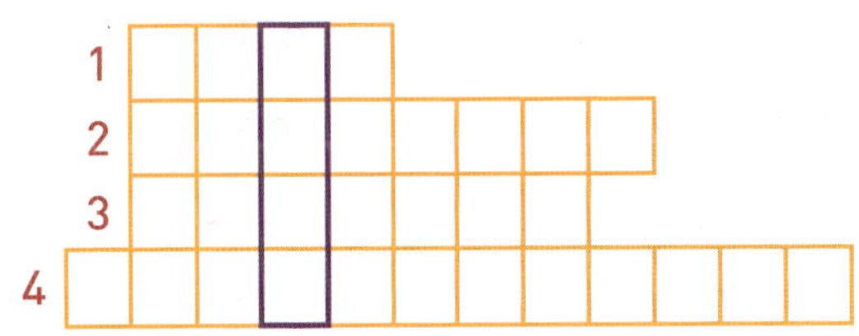

5) Escribe qué enseñanzas de Jesús nos da a conocer el Padrenuestro.

Recuerda

- El Padrenuestro es la oración que nos enseñó Jesús, resumen de todo el Evangelio.
- La oración cristiana es el diálogo de los hijos de Dios con su Padre.
- En la oración escuchamos a Dios y conocemos lo que quiere de nosotros.
- Decimos «Padre nuestro» porque todos los miembros de la Iglesia somos hijos de un mismo Padre, hermanos entre nosotros.

10 Amigos de Jesús para siempre

Un día le presentaron a Jesús unos niños para que les impusiera las manos, pero los discípulos les reñían. Entonces Jesús, que quiere especialmente a los niños, dijo a los discípulos: «Dejad que los niños se acerquen a mí: no se lo impidáis, pues de los que son como ellos es el Reino de Dios». Y tomándolos en brazos los bendecía imponiéndoles las manos (Mc 10,13-16).

Las bodas de oro

Esta vez fuimos nosotros los que viajamos para ver a los abuelos. ¡Y vaya viaje! Nos juntamos *tooodos* los tíos y primos en la casa que los abuelos tienen en el pueblo, para celebrar sus bodas de oro, sus cincuenta años de casados... Pasamos una semana preparando todo: la ropa que teníamos que llevar, los regalos para los abuelos, la comida para el viaje... El pueblo de los abuelos está en un sitio precioso. Tiene un río estupendo, unos campos verdes formidables para jugar y un bosque lleno de escondrijos y lugares misteriosos para hacer yincanas. Por eso llevamos también unos balones, una red de voleibol y otras cosas para jugar al aire libre.

El viaje se hizo muy largo, pero Diego y yo nos entretuvimos en el coche con varios juegos. Quique, en cambio, como es muy pequeño, se aburría más. Cuando ya estaba cansado y protestaba, había que ilusionarle recordándole que íbamos a encontrarnos con los abuelos, los tíos y los primos.

—¿Qué es lo que más ilusión te hace de las bodas de oro, Diego? —preguntó papá.

—¡Todos los juegos que haremos en el campo, sobre todo la yincana por los escondrijos del bosque!

—¿Y a ti, Lucía?

—A mí, encontrarme con los abuelos, los tíos, los primos... Es lo que más me emociona, estar con ellos y ver cómo disfrutan los abuelos con toda la familia junta.

—Bueno, a mí también —rectificó Diego un poco sonrojado—, ¡pero si además hacemos la yincana en el bosque será guay!

—Tenéis razón —dijo papá—: cuando más felices somos es cuando estamos con la gente que queremos. ¡Y es con quien mejor nos lo pasamos!

Por fin llegamos a la fiesta. ¡Estuvimos varios días, porque había puente! No sabéis lo bien que lo pasamos, mucho más de lo que esperábamos. Fueron los días más estupendos de mi vida. Pero ya no me da tiempo de contaros nada más. ¡Lo tendréis que imaginar!

Dialogamos

- ¿Qué iban a celebrar toda la familia de Lucía y Diego?
- ¿Cuánto tiempo estuvieron preparando el viaje? ¿Qué prepararon?
- ¿Qué hicieron durante el viaje?
- ¿Qué es lo que más ilusión le hacía a Lucía de ese día?
- ¿Cuándo crees que somos más felices?

El hijo de la viuda de Naín

Jesús nunca pasa indiferente ante el sufrimiento de los demás. Un día, al llegar a la ciudad de Naín, se encontró con una viuda que había perdido a su único hijo y se compadeció de ella (Lc 7,11-17).

Jesús salió de Cafarnaún y se encaminó a Naín con sus discípulos. Les seguía una gran muchedumbre. Cuando se acercaba a la puerta de la ciudad, resultó que sacaban a enterrar a un muerto, hijo único de su madre, que era viuda, y la acompañaba mucha gente.

Al ver el Señor a la viuda, se compadeció de ella y le dijo: «No llores».

Jesús se acercó al féretro y lo tocó. Los que lo llevaban se pararon.

Entonces Jesús dijo: «¡Muchacho, a ti te lo digo, levántate!». El chico se incorporó y empezó a hablar.

Jesús entregó el muchacho a su madre. Todos daban gloria a Dios, diciendo: «¡Dios ha visitado a su Pueblo!».

Jesús ama la vida. Quiere que seamos felices en esta tierra que nuestro Padre Dios nos ha regalado. Además, con sus milagros y sus palabras, nos promete otra Vida en la que ya no habrá dolor ni muerte. Esta es la gran promesa que Dios nos ha hecho: seremos semejantes a Jesús y felices con Él para siempre.

Jesús nos promete una felicidad que no termina nunca.

Actividades

1) ¿Por qué lloraba desconsolada la viuda de Naín? ¿Qué hizo Jesús para consolarla?

2) Relaciona cada viñeta con su título. Copia y escribe la respuesta siguiendo el ejemplo.

- Viñeta 1 → E. Jesús llega a Naín.

A. «¡Muchacho, a ti te digo, levántate!»	• Viñeta 5
B. Todos daban gloria a Dios.	• Viñeta 4
C. Jesús se compadeció y dijo a la viuda: «¡No llores!».	• Viñeta 3
D. Jesús se acercó y tocó el féretro.	• Viñeta 2
E. Jesús llega a Naín.	• Viñeta 1

3) Copia y completa la frase, averiguarás cuál es la felicidad que nos ha prometido Jesús y que nunca termina.

Vivir con ___ para ___ en la casa de su ___.

Dios quiere que vivamos con Él para siempre

Dios nos llama a la Vida eterna

En esta tierra morimos, pero la muerte no es el final. Dios nos ama tanto que quiere que seamos felices para siempre. Por eso nos da una vida mejor, la Vida eterna.

La Vida nueva que recibimos en el Bautismo continúa en el Cielo. Los cristianos creemos y esperamos que, después de la muerte, veremos a Dios cara a cara y resucitaremos al final de los tiempos.

Dios nos ama tanto que quiere que vivamos felices con Él para siempre.

Cristo resucitado en la gloria del Cielo (1424), tabla de Fra Angelico, Galería Nacional de Londres (Reino Unido).

Dios nos espera en el Cielo

Dios quiere que estemos todos juntos y alegres con Él en el Cielo, que es la Casa del Padre. Jesús nos enseña el camino y el Espíritu Santo nos acompaña. Con nuestro amor y nuestro trabajo colaboramos a preparar el mundo nuevo que Dios nos dará.

En el Cielo nos encontraremos con la Virgen María, los ángeles y los santos. Los santos del Cielo son hombres y mujeres, niñas y niños que en la tierra siguieron a Jesús y amaron mucho a Dios y a los demás.

Dios quiere que todos se salven

Al final de la vida, Dios misericordioso mirará el corazón de cada uno y le hará ver las consecuencias de sus obras:

- Si alguno rechaza su misericordia y se niega a amar a Dios y a los demás, vivirá separado de Él para siempre: eso es el Infierno.
- Los amigos de Dios vivirán con Él y gozarán sin fin de la alegría de Dios: eso es el Cielo.
- Algunos necesitarán limpiarse de las manchas que dejaron sus pecados antes de encontrarse con Dios en el Cielo: eso es el Purgatorio.

Los que siguen el camino que Jesús nos enseñó se reunirán con Él en el Cielo para gozar de la alegría de Dios.

¿Qué quiere decir «creo en la Vida eterna»?

«Creer en la Vida eterna» quiere decir que creemos que, después de esta vida, Dios Padre nos dará una Vida que durará para siempre.

Catecismo *Jesús es el Señor*, n. 46

Actividades

4) Escribe una frase con cada grupo de palabras.

Dios felicidad Cielo

camino Jesús enseña

5) Descifra el código y descubrirás la virtud por la cual los cristianos confiamos en vivir con Dios para siempre.

6) Cuando celebramos la Eucaristía empieza a cumplirse la promesa de la Vida eterna. Copia y completa estas palabras de Jesús (Jn 6,54).

«El que come mi ___ y bebe mi ___ tiene ___ eterna.»

Todos los bautizados estamos unidos a Jesús, formamos una gran familia y compartimos los mismos bienes. Esta unión y ayuda de unos a otros se llama «comunión de los santos».

1) Copia y clasifica estas acciones según qué miembros de la Iglesia las realizan.

A. Se limpian para gozar definitivamente de Dios.

B. Siguen el camino de Jesús.

C. Interceden ante Dios por todos.

	Los fieles de la tierra	Los santos del Cielo	Las almas del purgatorio
Acciones	↓	↓	↓

- Piensa y escribe una acción más para cada casilla.

2) Piensa el nombre de un santo o santa que conozcas y escribe qué le puedes pedir para que interceda por ti.

3) Estos son algunos medios con los que podemos ayudar a las almas del purgatorio a gozar definitivamente de Dios. Complétalos con los verbos que les faltan.

Orar   Visitar   Estudiar   Ofrecer

- ___ la Santa Misa.
- ___ a Jesús en el sagrario.
- ___ por ellos.
- ___ y hacer tareas.

4) Cuando hacemos el bien nos ayudamos todos. Observa las siguientes fotografías y explica cada una de estas acciones.

Acompañamos a los enfermos

Ayudamos a las misiones

Rezamos por los difuntos

En equipo

Elegimos, por equipos, un santo y elaboramos una breve biografía.

Contemplamos una obra de arte

Icono moderno de la Resurrección

Los iconos son imágenes religiosas orientales que se utilizan para rezar. Este icono representa a Jesús que, con su Resurrección, vence a la muerte y rescata a Adán y a Eva. Jesús está pisando las puertas rotas del reino de los muertos. Allí los justos del Antiguo Testamento, que rodean a Jesús, esperaban su llegada para poder ir al Cielo. Adán y Eva nos representan también a todos nosotros.

5) ¿Qué representa este icono? Copia la opción correcta.

- El milagro de la resurrección de Lázaro.
- Una parábola de Jesús.
- La Resurrección de Jesús que nos libera de la muerte.

6) Localiza en el icono a Adán y a Eva y señálalos.

7) Encuentra a los dos reyes del Antiguo Testamento que aparecen en el icono. Después, pon el libro delante de un espejo y podrás leer sus nombres.

David   Salomón

8) Piensa quién puede ser Moisés y señálalo en el icono. ¿Cómo lo has adivinado?

SABER MÁS

La Asunción de María al Cielo

La Virgen María ocupa el lugar más importante entre los miembros de la Iglesia porque es la Madre de Jesús y la primera y más fiel de sus discípulos. Por eso, cuando terminó su vida en la tierra, Dios la llevó al Cielo en cuerpo y alma: es el misterio de la Asunción de María.

La Asunción de María es un anticipo de lo que nos espera a todos. Al final de los tiempos también nosotros resucitaremos de entre los muertos y viviremos en el Cielo con nuestro cuerpo glorificado.

Mientras seguimos en la tierra, María cuida de sus hijos con amor de Madre. Ruega a Dios por nosotros en todos los momentos de nuestra vida: «ahora y en la hora de nuestra muerte», como le pedimos en la oración del *Avemaría*.

A lo largo del año celebramos distintas fiestas recordando a la Virgen María. La Asunción de María al Cielo se celebra el día 15 de agosto.

Los cristianos creemos que la Virgen María está en cuerpo y alma en el Cielo y desde allí nos ayuda.

Asunción de la Virgen, anónimo (1510), Museo J. Paul Getty, Los Ángeles (EEUU).

Responde

1) Ordena las letras que hay en el dibujo y completa la frase con las palabras que has formado.

E O R O I A M
C E C L
P U L A

María está en el ___ con todo su ser: en ___ y ___.

2) Imagina quiénes despedirían a la Virgen en la tierra y quiénes la recibirían en el Cielo. Escribe sus nombres.

3) Busca en un calendario qué día de la semana se celebra este año la fiesta de la Asunción de María.

1) **Copia y completa con las palabras que faltan.**

Jesús eterna Padre siempre felices santos María

Dios Padre — nos da → la Vida ___

que es

ser ___ con Él para ___ → semejantes a ___

y vivir en la Casa del ___ → con la Virgen ___, los ángeles y los ___.

2) **Ordena las letras, copia las frases y escribe a su lado la palabra correspondiente.**

I C L E O	I P R T U O G A O R	I F N O E N R I

A. Dolor de estar separado de Dios para siempre.

B. Felicidad con Dios para siempre.

C. Preparación para ir al Cielo.

3) **Copia estos acontecimientos según el orden en que sucederán.**

- Contemplamos a Dios cara a cara.
- Jesús nos juzga según nuestra fe y nuestras obras.
- Termina nuestra vida en la tierra.
- Jesús nos enseña el camino para ir al Cielo.

4) **¿Quiénes nos esperan en el Cielo? Escríbelo.**

Recuerda

- Jesús nos promete una felicidad que no termina nunca.
- Dios nos ama tanto que quiere que vivamos felices con Él para siempre.
- Los que siguen el camino que Jesús nos enseñó se reunirán con Él en el Cielo para gozar de la alegría de Dios.

El Padrenuestro

Padre nuestro que estás en el Cielo,
santificado sea tu nombre,
venga a nosotros tu Reino,
hágase tu voluntad
en la tierra como en el Cielo.
Danos hoy nuestro pan de cada día,
perdona nuestras ofensas como también
nosotros perdonamos a los que nos ofenden.
No nos dejes caer en la tentación,
y líbranos del mal. Amén.

La Señal de la Santa Cruz

Por la Señal de la Santa Cruz,
de nuestros enemigos
líbranos,
Señor, Dios nuestro.
En el nombre del Padre
y del Hijo y del Espíritu Santo.
Amén.

Gloria al Padre

Gloria al Padre y al Hijo
y al Espíritu Santo.
Como era en el principio,
ahora y siempre,
por los siglos de los siglos. Amén.

Al Espíritu Santo

¡Ven, Espíritu Santo,
llena los corazones de tus fieles
y enciende en ellos el fuego de tu Amor!

Yo confieso

Yo confieso, ante Dios Todopoderoso
y ante vosotros, hermanos, que he pecado mucho
de pensamiento, palabra, obra y omisión.
Por mi culpa, por mi culpa, por mi gran culpa,
por eso ruego a Santa María, siempre Virgen,
a los ángeles, a los santos y a vosotros, hermanos,
que intercedáis por mí ante Dios nuestro Señor.

Bendición de la mesa

Bendición
—Bendícenos, Señor, y bendice
estos alimentos que por tu
bondad vamos a tomar.
—*Amén.*
—El Rey de la gloria eterna
nos haga partícipes de la mesa
celestial.
—*Amén.*

Acción de gracias
—Te damos gracias por todos
tus beneficios, Omnipotente
Dios,
que vives y reinas por los siglos
de los siglos.
—*Amén.*
—El Señor nos dé su paz.
—*Y la vida eterna.*
—Amén.

Ángelus

—El ángel del Señor anunció a María.
—Y concibió por obra y gracia del Espíritu Santo.
(Dios te salve, María...)
—He aquí la esclava del Señor.
—Hágase en mí según tu palabra.
(Dios te salve, María...)
—Y el Verbo de Dios se hizo carne.
—Y habitó entre nosotros.
(Dios te salve, María...)
—Ruega por nosotros, Santa Madre de Dios.
—Para que seamos dignos de alcanzar las promesas de Nuestro Señor Jesucristo.

Oración. Infunde, Señor, tu gracia en nuestras almas, para que los que hemos conocido, por el anuncio del ángel, la Encarnación de tu Hijo Jesucristo, lleguemos, por los méritos de su Pasión y su Cruz, a la gloria de la Resurrección. Por Jesucristo Nuestro Señor. Amén.

Reina del Cielo

—Alégrate, Reina del Cielo, aleluya.
—Porque el que mereciste llevar en tu seno, aleluya.
—Ha resucitado, según predijo, aleluya.
—Ruega a Dios por nosotros, aleluya.
—Gózate y alégrate, Virgen María, aleluya.
—Porque en verdad resucitó el Señor, aleluya.

Oración: ¡Oh Dios!, que por la Resurrección de tu Hijo Jesucristo, nuestro Señor, te has dignado llenar de alegría el mundo; concédenos, por la intercesión de su Madre, la Virgen María, alcanzar los gozos de la vida eterna. Por Jesucristo nuestro Señor. Amén.

Avemaría

Dios te salve, María, llena eres de gracia;
el Señor es contigo.
Bendita Tú eres entre todas las mujeres,
y bendito es el fruto de tu vientre, Jesús.
Santa María, Madre de Dios,
ruega por nosotros, pecadores,
ahora y en la hora de nuestra muerte.
Amén.

Salve Regina

Dios te salve, Reina y Madre de misericordia,
vida, dulzura y esperanza nuestra;
Dios te salve.
A Ti llamamos los desterrados hijos de Eva;
a Ti suspiramos, gimiendo y llorando
en este valle de lágrimas.
Ea, pues, Señora, abogada nuestra,
vuelve a nosotros esos tus ojos misericordiosos;
y después de este destierro,
muéstranos a Jesús,
fruto bendito de tu vientre.
¡Oh clementísima,
oh piadosa,
oh dulce Virgen María!
Ruega por nosotros, Santa Madre de Dios,
para que seamos dignos de alcanzar las promesas de nuestro Señor Jesucristo.
Amén.

Fórmulas de fe del Catecismo *Jesús es el Señor* Conferencia Episcopal Española

Las fórmulas de fe son importantes porque nos permiten expresar, asimilar, celebrar y compartir con los demás las verdades de la fe, utilizando un lenguaje común.

La Iglesia, como una madre, nos enseña el lenguaje de la fe para que lleguemos a comprender cuánto nos ama Dios Padre.

Introducción

1. ¿Eres cristiano?
   Sí, soy cristiano por la gracia de Dios.
2. ¿Qué es la gracia?
   La gracia es la participación en la vida de Dios. Es la ayuda que Dios nos da para responder a su llamada.
3. ¿Quién es cristiano?
   Es cristiano quien cree en Jesús y ha recibido el Bautismo.
4. ¿Cómo nacemos a la vida cristiana?
   Nacemos a la vida cristiana por el don de la fe y del Bautismo, en la Iglesia.
5. ¿Cómo aprendemos a vivir como cristianos?
   Aprendemos a vivir como cristianos escuchando la Palabra de Dios, celebrando la Eucaristía y amándonos como Jesús nos enseñó.
6. ¿Dónde aprendemos a vivir como cristianos?
   Aprendemos a vivir como cristianos unidos a toda la Iglesia, en la familia y en la catequesis, donde nos enseñan a conocer, amar e imitar a Jesús.
7. ¿Por qué la Santa Cruz es la señal del cristiano?
   La Santa Cruz es la señal del cristiano porque en ella murió Jesús por amor a los hombres, para salvarlos.

La profesión de la fe cristiana

El Credo, o Símbolo de la fe, resume toda la historia de lo que Dios ha hecho en favor de los hombres.
Lo profesamos en la Iglesia y afirmamos que creemos en Dios Padre, en su Hijo Jesucristo y en el Espíritu Santo.
Unidos a todos los cristianos rezamos el Credo cada domingo, como hicieron nuestros padres y padrinos el día de nuestro Bautismo.
También profesamos la fe cristiana cuando, ante los demás, decimos que somos cristianos y vivimos como discípulos de Jesús.

8. ¿Quién nos transmite la Palabra de Dios?
La Iglesia nos transmite la Palabra de Dios a través de su vida y especialmente de la Biblia o Sagrada Escritura.

9. ¿Qué es el Credo o Símbolo de la fe?
El Credo o Símbolo de la fe es la profesión de la fe cristiana, recibida de los Apóstoles.

10. ¿Qué profesamos en el Credo?
En el Credo profesamos la fe en Dios, por quien todo existe, y en su plan de Salvación para todos los hombres.

11. ¿Cuál es el centro de la fe cristiana?
El centro de la fe cristiana es el misterio de la Santísima Trinidad.

12. ¿Qué nos revela el misterio de la Santísima Trinidad?
El misterio de la Santísima Trinidad nos revela que el Padre, el Hijo y el Espíritu Santo son un solo Dios. Así se manifiesta que Dios es Amor.

13. ¿Quién nos ha revelado el misterio de la Santísima Trinidad?
Jesús, el Hijo de Dios, es quien nos ha revelado este Misterio. Él nos enseña que Dios es Amor y nos lo da a conocer.

14. ¿Por qué decimos que Dios es nuestro Padre?
Decimos que Dios es nuestro Padre porque nos ha creado, cuida de nosotros y, llevado por su amor, quiere hacernos hijos suyos a imagen de su Hijo, Jesucristo.

15. ¿Por qué decimos que Dios es el Creador del cielo y de la tierra?
Decimos que Dios es el Creador del cielo y de la tierra porque hizo todas las cosas de la nada, libremente y por amor.

16. ¿Para qué ha creado Dios a los ángeles?
Dios ha creado a los ángeles para que lo alaben y le sirvan como mensajeros en la obra de Salvación de los hombres.

17. **¿Qué es lo más importante que Dios ha creado?**
El hombre y la mujer son lo más importante que Dios ha creado. Los creó a su imagen y semejanza, libres, capaces de amar y de conocer la verdad, e iguales en dignidad.

18. **¿Dios cuida de toda la obra de la Creación?**
Sí, Dios cuida de todas las cosas con sabiduría y amor. Especialmente cuida de nosotros porque nos ha hecho hijos suyos.

19. **¿Para qué nos ha creado Dios?**
Dios nos ha creado para conocerlo, amarlo y servirle. Para ser felices con Él en la tierra y después en el Cielo.

20. **¿Cuál fue el pecado de Adán y de Eva?**
Adán y Eva, nuestros primeros padres, tentados por el diablo, quisieron ser como Dios y lo desobedecieron.

21. **¿Qué consecuencia tuvo este primer pecado?**
Adán y Eva, al pecar, rompieron su amistad con Dios y, como consecuencia, perdieron la gracia de la santidad, la paz con los hombres y la armonía con la Creación.

22. **¿Qué es el pecado original?**
El pecado original es la condición de alejamiento de Dios en la que nacemos, como consecuencia del pecado de nuestros primeros padres. Por eso necesitamos la Salvación de Dios.

23. **¿Abandonó Dios a los hombres después del primer pecado?**
Dios no abandonó a los hombres sino que tuvo misericordia de ellos, les tendió la mano y les prometió un Salvador, Jesucristo.

24. **¿Quién es Jesucristo?**
Jesucristo es el Hijo de Dios hecho hombre, que nació de la Virgen María por obra y gracia del Espíritu Santo. Es verdadero Dios y verdadero hombre.

25. **¿Quién es la Virgen María?**
La Virgen María es la Madre de Jesús y Madre nuestra, concebida sin pecado original, que está en el Cielo en cuerpo y alma.

26. **¿Por qué decimos que la Virgen María es Madre de los cristianos?**
Porque la Virgen María ayuda a todos los cristianos y pide por ellos a Jesús, su Hijo.

27. **¿Por qué llamamos Maestro a Jesús?**
Llamamos Maestro a Jesús, porque Él nos enseña a amar a Dios y al prójimo.

28. **¿Por qué llamamos Salvador a Jesús?**
Llamamos Salvador a Jesús porque, enviado por Dios Padre, quita el pecado del mundo y hace de todos los hombres una sola familia.

29. ¿Qué nos enseñan los Evangelios sobre la infancia de Jesús?
Los Evangelios nos enseñan que Jesús nació en Belén y vivió en Nazaret con María y José. Junto a ellos, creció en sabiduría, edad y gracia ante Dios y ante los hombres.

30. ¿Qué hizo Jesús durante su vida pública?
Durante su vida pública, Jesús anunció e hizo presente la Buena Noticia de la Salvación: el Reino de Dios ya ha llegado a nosotros.

31. ¿Qué es el Reino de Dios?
El Reino de Dios es la nueva Vida que Dios nos da, que es vivir en justicia, verdad, amor y paz.

32. ¿Cómo podemos participar en el Reino de Dios?
Podemos participar en el Reino de Dios si creemos en Jesús y, renovados por el Bautismo, amamos a Dios y al prójimo como Él lo hizo.

33. ¿Por qué la gente se admiraba al ver lo que hacía y decía Jesús?
La gente se admiraba porque Jesús pasó por la vida haciendo el bien con obras y palabras. Así mostraba que Dios quiere salvar a los hombres.

34. ¿Por qué Jesús hizo milagros?
Jesús hizo milagros porque quería decirnos que con Él ha llegado el Reino de Dios y que creamos y confiemos en Él.

35. ¿Por qué murió Jesús?
Jesús murió porque quiso ser fiel al plan que Dios Padre tenía de salvar a todos los hombres. Gracias a su vida y entrega en la Cruz, Dios Padre perdonó nuestros pecados y nos dio una nueva Vida.

36. ¿Qué quiere decir que Jesús resucitó de entre los muertos?
Quiere decir que Jesús, después de morir y ser sepultado, fue devuelto a la vida por el poder de Dios, su Padre, para no morir jamás.

37. ¿Por qué la Resurrección de Jesús es tan importante para la fe cristiana?
Porque con la Resurrección Cristo realiza la promesa de Dios en favor de los hombres: darles la Vida nueva que no tendrá fin.

38. ¿Cómo participamos nosotros de la Resurrección de Jesús?
Nosotros participamos de su Resurrección si creemos que Jesús ha resucitado y, bautizados, esperamos resucitar un día con Él.

39. ¿Quién es el Espíritu Santo?
El Espíritu Santo es Dios, como el Padre y el Hijo. Él da vida a la Iglesia y la hace Santa.

40. **¿Qué hace el Espíritu Santo en nosotros?**
El Espíritu Santo nos ayuda a comprender lo que Jesús dijo, nos da fuerza para seguirlo, continuar su obra y confiar en Dios Padre.

41. **¿Qué es la Iglesia?**
La Iglesia es la gran familia de los que creen en Jesús y lo siguen; unida por los mismos Sacramentos, tiene como Pastores a los sucesores de los Apóstoles.

42. **¿Por qué decimos que la Iglesia es el nuevo Pueblo de Dios?**
La Iglesia es el nuevo Pueblo de Dios porque, guiada por el Espíritu Santo, camina hacia Dios Padre con Jesucristo, el Señor.

43. **¿Por qué decimos que la Iglesia es nuestra Madre?**
Decimos que la Iglesia es nuestra Madre porque ella nos hace hijos de Dios por el Bautismo, nos alimenta con el Pan de la Palabra y de la Eucaristía, y nos ayuda a crecer en la vida cristiana.

44. **¿Cuál es la misión de la Iglesia?**
La misión de la Iglesia es continuar la obra de Jesús en el mundo hasta el final de los tiempos.

45. **¿Qué quiere decir «creo en la resurrección de la carne»?**
«Creer en la resurrección de la carne» es creer que, como Cristo resucitó, también nosotros resucitaremos al final de los tiempos cuando Cristo vuelva en su gloria.

46. **¿Qué quiere decir «creo en la Vida eterna»?**
«Creer en la Vida eterna» quiere decir que creemos que, después de esta vida, Dios Padre nos dará una Vida que durará para siempre.

47. **¿Qué es el Cielo?**
El Cielo es la felicidad de la que gozan los hombres que están ya con Dios para siempre.

48. **¿Qué es el Infierno?**
El Infierno es el sufrimiento de los hombres que, después de la muerte, están separados de Dios para siempre.

49. **¿Qué es el Purgatorio?**
El Purgatorio es el sufrimiento de los hombres que han muerto en paz con Dios, pero que tienen que ser purificados de sus pecados antes de participar en la felicidad del Cielo.

50. **¿Qué significa la palabra «Amén», con la que termina el Credo?**
Decir «Amén» significa que creemos las palabras, las promesas y los Mandamientos de Dios; que nos fiamos totalmente de Él.

La celebración del Misterio cristiano

Los gestos y las palabras de Jesús continúan hoy vivos entre nosotros a través de los gestos y palabras de la Iglesia: los Sacramentos. Quienes participamos en la vida de la Iglesia sabemos que en sus palabras y acciones se cumple la promesa de Jesús a los Apóstoles: «Sabed que yo estoy con vosotros todos los días, hasta el fin del mundo» (Mt 28,20).

51. **¿Jesús está presente hoy entre nosotros?**
Jesús está presente hoy entre nosotros cuando la Iglesia ora, proclama la Palabra de Dios y celebra los Sacramentos, particularmente la Eucaristía. También está presente en todos los hombres, sobre todo en los más pobres y en los que sufren.

52. **¿Qué sucede cuando la Iglesia celebra los Sacramentos?**
Cuando la Iglesia celebra los Sacramentos nos encontramos con Cristo resucitado y recibimos la gracia del Espíritu Santo.

53. **¿Cuáles son los siete Sacramentos?**
Los siete Sacramentos son: el Bautismo, la Confirmación, la Eucaristía, la Reconciliación, la Unción de enfermos, el Orden sacerdotal y el Matrimonio.

54. **¿Cuáles son los Sacramentos que nos inician en la vida cristiana?**
Los Sacramentos que nos inician en la vida cristiana son: Bautismo, Confirmación y Eucaristía.

55. **¿Qué hace en nosotros el sacramento del Bautismo?**
El sacramento del Bautismo nos hace hijos de Dios a imagen de Jesús y miembros de la Iglesia. Por el Bautismo somos lavados del pecado original, morimos a todo pecado y nacemos a una Vida nueva.

56. **¿Qué hace en nosotros el sacramento de la Confirmación?**
Por la Confirmación, los bautizados recibimos más plenamente al Espíritu Santo, nos unimos más a Jesucristo y a su Iglesia y somos enviados a anunciar el Evangelio.

57. **¿Qué es pecar?**
Pecar es decir «no» al amor de Dios, desobedeciendo sus Mandamientos.

58. **¿Qué consecuencias tiene el pecado?**
El pecado rompe o debilita nuestra relación con Dios, hace daño a los demás y a nosotros mismos.

59. **¿Por qué los cristianos no nos desanimamos a pesar de haber pecado?**
Porque Dios Padre está siempre dispuesto a perdonarnos, pues es misericordioso y conoce nuestro corazón.

60. **¿Qué hace en nosotros el sacramento de la Penitencia?**
Por el sacramento de la Penitencia, la Iglesia, en nombre de Jesús, perdona nuestros pecados y nos reconcilia con Dios y con los hombres.

61. **¿Por qué los cristianos celebramos el domingo?**
Porque el domingo es el día del Señor. Convocados por Dios Padre, celebramos la Eucaristía. Los cristianos no podemos vivir sin el domingo.

62. **¿Qué celebra la Iglesia en la Eucaristía?**
En la Eucaristía la Iglesia celebra el memorial de la Pascua de Cristo, la actualización y ofrenda sacramental de su único Sacrificio en la Cruz.

63. **¿Cómo participamos los cristianos en la Eucaristía?**
En la Eucaristía, los cristianos escuchamos la Palabra, damos gracias a Dios Padre y nos ofrecemos a Él con su Hijo Jesucristo. En la Comunión recibimos a Jesús como alimento de Vida eterna que nos une a todos como hermanos.

64. **¿Está Jesús realmente presente en la Eucaristía?**
Sí, por la acción del Espíritu Santo, Jesús está realmente presente en la Eucaristía: lo que parece pan y vino es el Cuerpo y la Sangre del Señor.

65. **¿A qué nos invita el sacerdote cuando dice: «podéis ir en paz»?**
El sacerdote nos envía a compartir la fe, la paz y todo lo nuestro con los hombres.

66. **¿Qué hace en nosotros la Eucaristía?**
La Eucaristía nos une más a Cristo y a la Iglesia, fortalece nuestra vida cristiana y nos hace crecer en el amor al prójimo.

67. **¿Quiénes presiden la Eucaristía?**
La Eucaristía la presiden los obispos y los presbíteros como representantes de Cristo.

68. **¿Qué es la Unción de enfermos?**
La Unción de enfermos es el sacramento que nos fortalece en la enfermedad y ayuda a los que están en peligro de muerte, uniendo su sufrimiento al sufrimiento de Cristo.

69. **¿Qué es el sacramento del Orden sacerdotal?**
Es el sacramento por el que algunos bautizados son consagrados para ser ministros en la Iglesia y continuar la misión que Cristo dio a los Apóstoles.

70. **¿Qué es el sacramento del Matrimonio?**
Es el sacramento que santifica la unión del hombre y de la mujer del que nace la familia cristiana como comunidad de vida y amor.

La vida en Cristo

El cristiano está llamado a vivir y crecer hasta la medida de Cristo Jesús respondiendo al proyecto de amor que Dios Padre tiene sobre todos los hombres.
Este proyecto de amor se expresa en los Mandamientos, que se resumen en el amor a Dios y al prójimo, tal como Jesús nos ha enseñado.
Hoy, como siempre, la Iglesia nos invita a seguir a Jesús según los Mandamientos de Dios con la ayuda del Espíritu Santo, que nos da la fuerza para cumplirlos con generosidad, alegría y libertad.

71. ¿Los cristianos podemos seguir a Jesús?
Sí, podemos seguir a Jesús gracias al Espíritu Santo que vive en nosotros y nos ayuda a conocer lo bueno y lo malo. Es el Espíritu quien nos da la fuerza para obrar el bien.

72. ¿Por qué podemos elegir entre el bien y el mal?
Podemos elegir entre el bien y el mal porque Dios nos ha hecho libres y nos da su gracia para hacer el bien y evitar el mal.

73. ¿Cuál es el mayor obstáculo para seguir a Jesús?
El mayor obstáculo para seguir a Jesús es olvidarnos de Él y de sus mandatos en la vida diaria.

74. ¿Cómo seguir a Jesús?
Seguimos a Jesús cumpliendo la voluntad de Dios, manifestada en los Diez Mandamientos, tal y como los vivió y nos los enseñó Jesús y nos ha transmitido la Iglesia.

75. ¿Qué nos enseñan los Diez Mandamientos?
Los Diez Mandamientos nos enseñan el camino para llegar a Dios y así ser felices y hacer felices a los demás.

76. ¿Qué nos enseñó Jesús sobre los Mandamientos?
Jesús nos enseñó a no separar nunca el amor a Dios del amor a nuestros hermanos.

77. ¿Cuál es el Mandamiento Nuevo de Jesús?
El Mandamiento Nuevo de Jesús es este: «Amaos unos a otros como yo os he amado».

78. ¿Cuál es la novedad de este Mandamiento?
La novedad de este Mandamiento es que Jesús nos llama a amar a todos hasta dar la vida, incluso por nuestros enemigos, como Él hizo.

La oración cristiana

La oración es la relación viva y personal de los hombres con Dios Padre, con su Hijo Jesucristo y con el Espíritu Santo.
Jesús nos enseñó la oración más importante: el Padrenuestro. La Virgen María reconoció las obras grandes que Dios hizo en Ella, por eso oraba y alababa al Señor.
En la comunidad cristiana aprendemos a escuchar a Dios, a agradecerle los dones que nos da, a acoger su voluntad, a pedirle en nuestra necesidad, a vivir en su presencia. La familia cristiana es el primer lugar de educación en la oración.

79. ¿Qué es orar?
Orar es hablar con Dios Padre, que siempre nos ama y nos escucha. Al orar respondemos a Dios como hijos suyos.

80. ¿Cómo oraba Jesús?
Jesús oraba con confianza pues Él conocía mejor que nadie a Dios, su Padre.

81. ¿Podemos atrevernos a hablar con Dios nuestro Padre?
Sí, podemos atrevernos a hablar con Dios, nuestro Padre, porque Jesús mismo nos lo mandó y para eso nos enseñó el Padrenuestro.

82. ¿Cuál es la petición que orienta la oración del Padrenuestro?
La petición que orienta todo el Padrenuestro es esta: «Venga a nosotros tu Reino».

83. ¿De qué manera podemos hablar con Dios Padre en la oración?
En la oración podemos dar gracias a Dios, pedirle ayuda, alabarlo, ofrecernos, estando en silencio delante de Él, adorándolo.

84. ¿Es posible orar en todo momento?
Sí, es posible orar en todo momento pues el Señor está siempre presente en todos los acontecimientos de nuestra vida.

85. ¿Quién puede enseñarnos a orar?
Aprendemos a orar especialmente en familia, en la catequesis, en comunidad con otros cristianos y en el silencio de nuestro corazón.

86. ¿Cuáles son los lugares favorables para la oración?
Se puede orar en cualquier sitio, pero el templo es el lugar propio de la oración de la Iglesia.

El Símbolo Niceno-constantinopolitano

Creo en un solo Dios, Padre todopoderoso,
Creador del cielo y de la tierra,
de todo lo visible y lo invisible.
Creo en un solo Señor, Jesucristo,
Hijo Único de Dios,
nacido del Padre antes de todos los siglos:
Dios de Dios, Luz de Luz,
Dios verdadero de Dios verdadero,
engendrado, no creado,
de la misma naturaleza del Padre,
por quien todo fue hecho;
que por nosotros, los hombres,
y por nuestra salvación bajó del Cielo,
y por obra del Espíritu Santo
se encarnó de María la Virgen,
y se hizo hombre;
y por nuestra causa
fue crucificado en tiempos de Poncio Pilato;
padeció y fue sepultado,
y resucitó al tercer día, según las Escrituras,
y subió al cielo,
y está sentado a la derecha del Padre;
y de nuevo vendrá con gloria
para juzgar a vivos y muertos,
y su Reino no tendrá fin.
Creo en el Espíritu Santo,
Señor y dador de vida,
que procede del Padre y del Hijo,
que con el Padre y el Hijo
recibe una misma adoración y gloria,
y que habló por los Profetas.
Creo en la Iglesia,
que es una, santa, católica y apostólica.
Confieso que hay un solo bautismo
para el perdón de los pecados.
Espero la resurrección de los muertos
y la vida del mundo futuro. Amén.

El Símbolo de los Apóstoles

Creo en Dios, Padre todopoderoso,
Creador del cielo y de la tierra.
Creo en Jesucristo,
su único Hijo, nuestro Señor,
que fue concebido
por obra y gracia del Espíritu Santo,
nació de santa María Virgen,
padeció bajo el poder de Poncio Pilato,
fue crucificado, muerto y sepultado,
descendió a los infiernos,
al tercer día resucitó de entre los muertos,
subió a los cielos y está sentado
a la derecha de Dios, Padre todopoderoso.
Desde allí ha de venir
a juzgar a vivos y muertos.
Creo en el Espíritu Santo,
la santa Iglesia católica,
la comunión de los santos,
el perdón de los pecados,
la resurrección de la carne
y la vida eterna. Amén.

Los Diez Mandamientos o Decálogo

1. Amarás a Dios sobre todas las cosas.
2. No tomarás el nombre de Dios en vano.
3. Santificarás las fiestas.
4. Honrarás a tu padre y a tu madre.
5. No matarás.
6. No cometerás actos impuros.
7. No robarás.
8. No darás falso testimonio ni mentirás.
9. No consentirás pensamientos ni deseos impuros.
10. No codiciarás los bienes ajenos.

Estos Diez Mandamientos se resumen en dos: Amarás a Dios sobre todas las cosas y al prójimo como a ti mismo.

Los cinco Mandamientos de la Iglesia

1. Oír Misa entera todos los domingos y fiestas de guardar.
2. Confesar los pecados mortales al menos una vez al año, y en peligro de muerte, y si se ha de comulgar.
3. Comulgar al menos por Pascua de Resurrección.
4. Ayunar y abstenerse de comer carne cuando lo manda la santa madre Iglesia.
5. Ayudar a la Iglesia en sus necesidades.

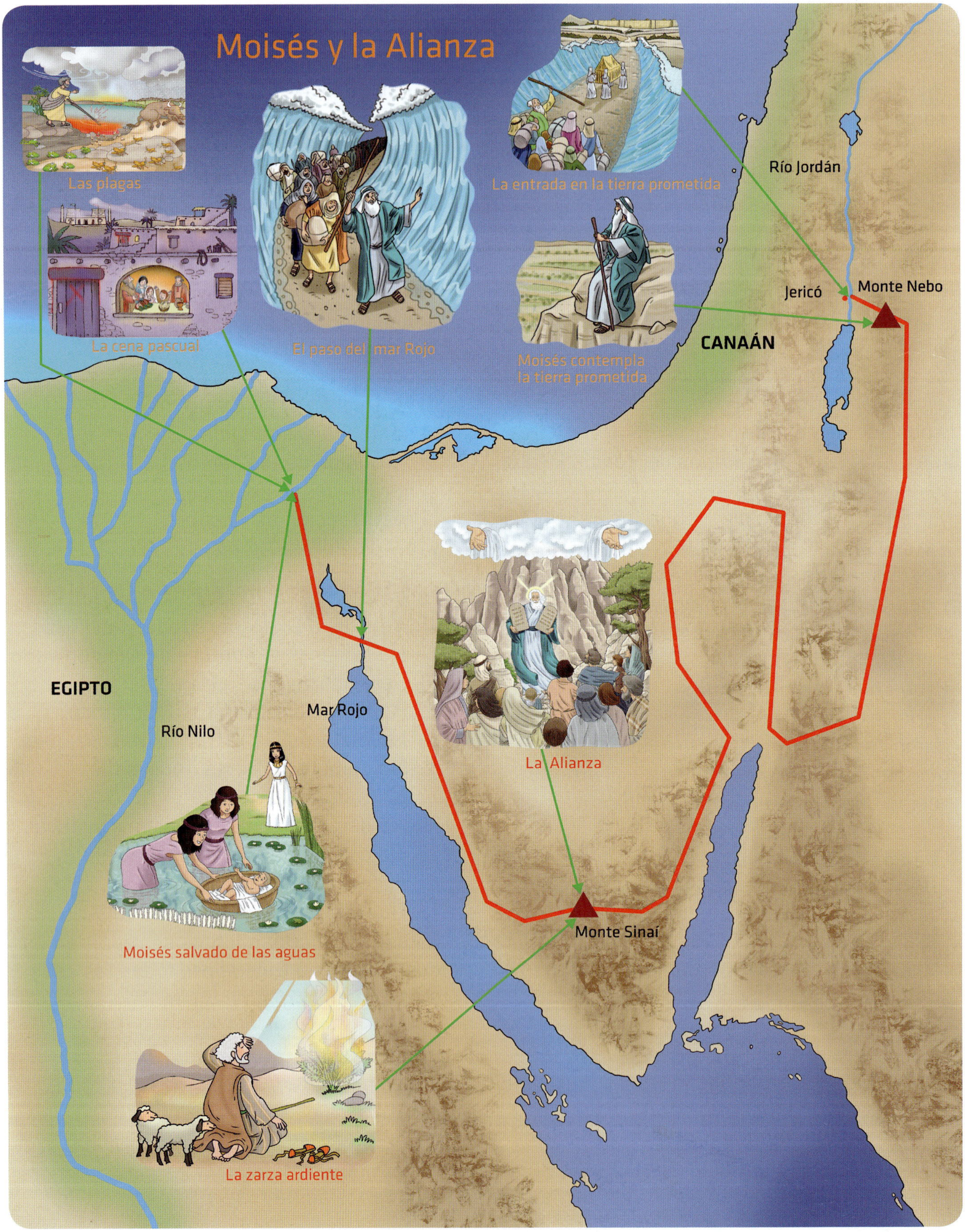
Moisés y la Alianza
Las plagas
La cena pascual
El paso del mar Rojo
La entrada en la tierra prometida
Moisés contempla la tierra prometida
Río Jordán
Jericó
Monte Nebo
CANAÁN
EGIPTO
Río Nilo
Mar Rojo
La Alianza
Monte Sinaí
Moisés salvado de las aguas
La zarza ardiente

Ciudad de Jerusalén

1

3

4

6

6

7

8

9

10

3

LUGARES

1 Puerta de Jerusalén
2 Templo
3 Cenáculo
4 Huerto de los Olivos
5 Casa de Caifás
6 Torre Antonia
7 Camino del Calvario
8 Calvario
9 Sepulcro
10 Monte de los Olivos